I0821097

d'un rivage

ISBN 2-909422-02-X

françois solesmes

d'un rivage

encre marine

appliqueraient au spectacle de la mer toutes les épithètes possibles à l'exception de "monotone", de dire si des notes détournées de leur fin méritaient le sort qu'on leur fait ici.

Tirées d'un millier de pages de même... encre, voici celles de 1960, le choix de l'année devant tout à l'arbitraire, tant, en la circonstance, l'intemporel rejoint le plus précisément daté.

Quant au texte, ses redites et approximations témoigneront peut-être de la gageure qu'il y avait à vouloir fixer dans sa continuité un spectacle fait d'instantanés incessants. Ce qui donne une écriture "au plus pressé" qui, même revue et corrigée, se montre plus souvent humiliée que victorieuse. Puisse-t-elle avoir su rester digne jusque dans ses défaites, face à l'Intarissable !

Durant une quinzaine d'années, plusieurs mois par an, parfois de l'aube au soir, quelqu'un s'efforça de tenir la chronique d'un littoral. Assis en un coin désert du rivage landais, se repliant comme on se tasse pour qu'on vous oublie, il tenta de consigner chaque instant de la vie océanique.

Et parce que ces notes devaient nourrir une oeuvre de fiction, c'est spontanément que le *il* du romancier se substituait au *je* du témoin. Mais si bref est notre passage, si ambitieux était le projet, que l'oeuvre risque fort de n'être jamais achevée.

Il reste que rien n'oblige un auteur à céder à l'insistance d'un éditeur, celui-ci aurait-il choisi pour bannière *encre marine*. Ce sera donc à ces lecteurs qui

Chaque fois que les notations ont trait à la vie cyclique de l'océan, on a mentionné l'heure de haute ou basse mer et celle de début d'écriture, — l'échelonnement des heures étant suggéré par le signe ☆.

8 Avril. — Fidèle, il retrouvait plus fidèle encore. Chaque fois qu'il revenait sur ce rivage, fût-ce après des mois, la mer semblait reprendre le fil de son discours là même où il avait été interrompu. Apparemment immuable jusque dans ses effondrements de neige et de cellulose broyée, elle apparaissait aussi puissante et pleine, aussi "droite" que dans le souvenir. Telle était sa... matière, qu'il n'y avait pas de rupture entre le réel et la froide féerie qu'elle était devenue dans l'absence. Quoi de plus vrai que cette grande masse brassant des sables et du vent, que cette tourmente enclose — de vent de sable ? Pourtant, avec ses contours évanescents, sa langue irrépressible et indécise, rien qui appartînt plus qu'elle à l'ordre du songe.

A peine la revoit-on, qu'interrompant, interceptant notre présent, la mer instille au corps un immédiat et profond sommeil qui procède de son espace nébuleux, de son climat de tiédeur et de satiété. Cependant qu'elle s'annexe l'âme et la persuade sans peine d'entrer dans ses divagations. Et c'est ainsi que sommeil et songe s'associent dans une béatitude languide, lumineuse qui est démission de l'être - mais de si bon gré consentie !

En vain, d'ailleurs, opposerait-on la pointe de la conscience à ce qui est l'insaisissable et le multiforme, le féroce et le tendre, le rauque et le doux. On assisterait dans l'instant à l'altération, la dispersion de ce qui devait nous être un secours — sentiments et savoirs, langage et logique — et qui ne saurait avoir cours ici.

Fidèle, la mer ne l'était, à l'évidence, qu'à soi. Il le sentait à l'étonnement sans borne qu'elle lui opposait quand il la retrouvait, — étonnement perceptible dans les lignes distendues où s'inscrivaient la terre, le ciel et l'eau. Au vrai, elle se montrait aussi peu accueillante après trois mois qu'après une nuit. Rien, en elle, de chaleureux ni de charnu, mais la sécheresse de l'épi de seigle et de l'oyat.

Mais qu'importait... C'était cette fidélité à elle-même comme au souvenir qu'il en avait, qui le préservait d'être jamais déçu — quand peu de jours suffisent parfois pour que cesse la séduction qu'un être exerce sur nous. Parce qu'elle était la ressemblance et la continuité, il retrouvait, avec elle, celui que les jours d'absence, de désertion avaient masqué ou gauchi. Devant la permanence, la cohérence mêmes, et la force de ce qui est un sans relâche, il se découvrait une intransigeance native, un regard originel. Et il s'étonnait d'avoir pu se laisser à ce point défigurer par tant d'habitudes, de démissions, de trahisons... De nouveau, il ressentait à même le visage la crudité des sources, la scintillation des neiges, l'ébrouement, dans une saute de vent, d'un feuillage mouillé. Le mouvement qu'il fit, de regarder le soleil à travers ses paupières closes, acheva de lui rappeler le temps où il contemplait ainsi les fins coraux de sang... Par delà ce qu'il était l'an passé, le mois dernier, hier seulement, il y eut désormais, jusqu'à l'enfance, un pont jeté.

10 Avril. [BM 9 h 30] 10 h 30 — Chaque fois qu'il était venu ici le matin, à l'heure où seuls quelques pêcheurs mi-allongés jalonnent le rivage, il avait perçu, plus encore qu'à n'importe quelle heure, un accord intime, une communauté de substance entre la mer et l'instant du jour. Si l'étendue marine se retranchait derrière une frange de désert, celui-ci n'avait rien d'hostile. Il était fait de nudité, d'ingénuité, d'intransigeance. On y percevait l'infime expansion des choses qu'on vient de placer en un milieu limpide ; on y reconnaissait, discrète et irréductible, la solitude de l'enfance — et c'était bien, à cette heure, le maître mot.

Enfance du jour (cette brise pareille au souffle d'un enfant endormi) — et l'âme qui se voit accorder un nouveau sursis, l'âme lavée de frais sent que tout est possible encore ; et le coeur est soudain gros de vivre... Enfance ! Toute la lumière émanant de la mer lui rappelait celle qu'il recevait jadis, d'un visage penché sur lui, et qu'il muait en confiance et en sérénité. Jamais plus enveloppante qu'en ces matins où la rumeur obscure et lumineuse, inépuisable et sans force, vient se réverbérer sur la couche basse des nuages attardés. Fragile était cet instant où la mer et le jour lui-même se confondaient en une même et seule enfance dans la fraîcheur d'une rosée universelle... Etait-ce le jour qui, prenant de la force, s'en arrachait le premier ? Ou la distance qui le séparait de son enfance renaissait-elle en lui ? Sans doute, car la mer n'en continuait pas moins d'offrir son visage de source déferlante, son chantonnement distrait, ses brusques effusions, son sourire et ses ruses.

Il aurait fallu être encore un enfant pour se fondre dans le jour marin et n'y insérer que des gestes que leur liberté consume de bout en bout — des gestes de vague révérencieuse ou d'écume qui se dépêtre de soi. A défaut, il faudrait pouvoir demeurer ici sans pensée, à la fois coquille vide — pour l'écho interne — et chair dans le temps de la maturation ; n'être plus qu'une masse au sang épais et sucré, échouée sur la plage et dont les vagues successives de rumeur entretiendraient la vie - ou peut-être un jeune animal translucide s'ébattant dans la candeur du rivage. Et il en était bien ainsi parfois, quand il se découvrait dépossédé par la mer de toute culture, asservi par sa suffocante profusion, et qu'il s'épanchait à même le sable, à moins qu'il ne se sentît au coeur d'un éblouissement convergent, et sa nuit s'en trouvait alors illuminée de saveur.

Pourtant, de l'engourdissement profond, de la démission totale, toujours la pensée finissait par resurgir, qu'on aurait pu croire à jamais submergée ou réduite à l'impuissance. La pensée se dégageait de la mer comme éclate au loin, sur la surface au tissu serré, un petit signe d'écume... Pensée, souvenir, désir qu'il ressentait alors comme un obstacle entre cet univers et lui ; car s'il était parfois heureux que la conscience prévalût, il lui semblait aussi qu'il ne *saurait* enfin la mer qu'au prix d'un renoncement à la prééminence de l'esprit.

11 Avril. — ... Il laissait à sa gauche le petit bois de pins, avant-poste de la forêt qui n'avait pu prendre pied si près du rivage qu'à la faveur d'une dépression ménagée par les dunes. C'est là qu'il venait, par mauvais temps, quand la mer se hérissait de pluies de nord-ouest ou d'une sournoise mitraille de sable. Il suivait alors, des yeux, le hochement perpétuel de la foule des cimes, leur désarroi, leur effroi limités, réprimés mais toujours renaissants ; il voyait le ventre du vent s'émincer sur les longs cils sombres rayonnant en oursins, — entre lesquels, intense, un regard de ciel cherchait en vain à se poser. Est-ce parce que chaque arbre ne pouvait guère opposer au souffle que l'étagement de ses côtes flottantes ? Ce n'étaient que désordre et remous, imminence de panique — mille doigts agrippés paraissant toujours sur le point de céder.

Mais c'était l'invisible qu'il venait voir ! Sur le bois de pins, l'espace entier passait, vibrant, à moins que ce ne fût la terre qui tremblât sourdement. Au dessus des arbres, une haute chose brûlante s'écoulait d'une seule masse indéfinie. Très haute et très vaste, et le regard qui en tombait, tout brouillé, dispersé qu'il fût par les touffes d'aiguilles, gardait une étrange lumière de glacis. Au bruit lointain d'un moulin géant, au mouvement saccadé de sa roue à aubes, répondait une interminable cohorte de lourds chariots roulant sur des pavés de bois.

Dans l'embrasement lucide et quasi glacé, le bois de pins faisait figure d'île battue de vaguelettes et, en même temps, submergée par la présence, la pression de la mer, souffle et visée. Ah, comme aisément l'âme sollicitée par la rumeur de voyage et d'évasement se fût échappée d'entre les tempes sonnantes... Le courant se frayait en elle sa voie et cependant la longeait, l'effilait ainsi qu'une barque à l'attache. Comment ne se fût-elle pas orientée selon la seule direction possible, pour bientôt vivre, un temps indéfini, toutes attaches rompues ?

Se reprenant, elle se resserrait sur elle-même et s'éprouvait de nouveau distincte, attentive, singulière, mais avec — d'où venues ? — une ombre, une tache d'amertume ou de regret.

Etaient-ce là frustation, désenchantement ? L'insatisfaction dominait, à coup sûr. La raison disait qu'il n'y avait là qu'un bouquet d'arbres pris dans la tempête, mais que vaut-elle, quand l'âme *voit* l'espace flamber autour de l'asile, le temps se consumer d'un coup avec l'impassibilité de ce qui se sait sans fin ? Il fallait aller aux sources de la merveille, quitte à ruiner le songe, et donner un visage à ce qui demeurait abstrait. Il fallait gagner l'oeil de la rumeur, le coeur du fleuve, là où se tient le *fil* — tendu ! — autour duquel cette fuite s'organisait. Et sans doute était-ce besoin de se brûler, de s'abîmer.

Alors il se dirigeait, par des sentiers de sable gris et lourd, vers le lieu de plus grande densité du vent, éprouvant une difficulté croissante à insérer sa marche au dedans d'une pâte de verre, pris non seulement à la gorge, mais à même les poumons qu'une poigne pressait sans relâche.

Puis, enfin, quelque chose se jetait à sa face, l'aspergeait violemment de son ruissellement vertical. Une immense patte à la fourrure verte allongeait ses griffes d'onyx sur le rivage, encore fumantes de toisons arrachées. La mer surgissait, sa surface multipliée, dans une éruption de menthe et d'angélique — grand fauve que fouette sa crinière de cavale cabrée, grand fauve gardant les portes béantes de l'horizon. Là étaient bien le foyer et le pôle, et l'obstacle et l'atterrage que l'âme quêtait. Comment s'y serait-elle trompée face au plus dur, au plus pur aussi du monde : un matin comme jardin suspendu, un matin diluvien ?

12 Avril. [HM 17 h 04] 14 heures — La marée montante n'était sans doute jamais plus belle (mais de quelle heure de la mer n'était-il pas tenté de le dire ?) qu'en un début d'après-midi d'été quand profusion de vie et débauche de lumière composaient une manière de froid délire.

Le rassasiement. Immédiat, le rassasiement de tous les sens confondus, annihilés, et du regard même qu'affilait le rivage, au loin s'amenuisant. Mais l'être ne se trouvait-il pas sur le passage même de la vie et comme à l'intérieur d'une immense narine fraîche ?

Il tentait de s'ordonner selon cet édifice dont l'entablement ne faisait qu'un avec l'horizon. (Et la charge du ciel !...) Mais le moyen de n'être pas à chaque instant basculé vers l'arrière quand on fait face à un monde — affluant ! — où le déséquilibre est de règle ? La mer accourait, dans son épaisseur de forêt feuillue, et il sentait distinctement s'éteindre à ses pieds, à grand regret, toute une frénésie de destruction. La mer pesait sur sa rive sablonneuse ; elle la débordait comme un fleuve en crue, cependant que l'autre bord, là-bas, ne fléchissait, ne cédait pas. Rive de l'horizon... Le royaume de l'invisible qui s'étend au delà est plus puissant sur certains coeurs que tous les empires terrestres. Mais c'est un pays durement défendu par une clarté d'arme blanche, par un silence de tranchant maintenu à fleur d'yeux, où qu'on se tourne...

Marée montante — et l'on ne se montre d'abord attentif qu'au rivage, au ballet de pariade qui s'y exécute dans une assomption de papilles réjouies ; qu'aux ombres portées qui s'y projettent, éclatantes, d'une orée de forêt en flammes. Et la beauté de l'heure tient certes à l'attente confiante d'une plage pareille au visage qui désire encore et déjà possède, — chaque nappe comme assurance réitérée. Elle tient à la sourde extase d'un rivage qui est la charnière lumineuse du jour. (Y aurait-il sinon en celui-ci, tant de force et de fougue ?)

Mais la marée montante est par nature soulèvement, par grands copeaux poussés d'une main décisive au bord de l'établi. Elle est volonté encore de s'arracher à soi, de se hisser, de porter plus haut les ailerons de lumière accolés au revers des vagues. Soulèvement, et déflagration dont l'écho se serait à l'infini propagé, nourri, au-dessus de la rumeur tabulaire. Soulèvement et séisme liquide...

Et voilà qu'il se surprenait à ressasser les mêmes mots quand il aurait fallu inventer à mesure un langage qui se fût plié à ces inflexions sans nombre, à la modulation incessante de la rumeur. La même phrase et pourtant jamais identique à cause de ce choc à peine perceptible au sein du heurt universel, à cause de ce brusque arrachement plus rauque, plus profond, de ce déchirement prolongé là-bas, alors même que tout est déchirement, piétinement, arrachement...

Il appelait à lui un langage ample et grave, ductile, “simultané”, le coeur plein d'amertume en face de tant de beauté vouée au néant par la lenteur de son esprit, l'embarras de sa langue. Tout l'être, il le sentait, se faisait invocation, adoration, et voilà qu'il ne pouvait dire — sinon à la manière de ceux pour qui elle se résume à son nom — cette chose fastueuse entre toutes : la mer montant à la rencontre d'un après-midi d'été. Pas plus qu'il ne réussissait à exprimer la passion qu'il lui vouait, qui eût dû tirer de lui une louange indéfinie et sans fin renouvelée.

Pourtant, comme elle savait parvenir jusqu'à lui qui se tenait coi, comme environné, envahi de stupeur : il suffisait bien de cette odeur soudain, qui vous découvrait, avec la *commissure,* l'ombre lascive de son sel. Mais toujours l'indistinct l'emporterait, proféré par *la* bouche même, où pêle-mêle se font jour nappes phréatiques, grottes luisantes et cressonnières — et il partirait une fois encore sans que rien n'ait été dit, sans qu'il ait pu la toucher d'un mot vrai, avec le sentiment d'avoir été éconduit, amant de trop peu de poids, gauche et taciturne, absent de la fête qu'elle donnait, comme on contemple du jardin, la nuit, à travers les vitres des hautes fenêtres, le bal auquel on ne fut pas jugé digne de participer.

14 Avril. [HM 18 h 23] 15 heures — Les jours de mauvais temps, il se pelotonnait parfois dans un creux de sable, au revers de la dernière dune et là, il écoutait monter ou descendre les eaux. L'après-midi commençait, la mer était loin encore et comme éparse, désarticulée, déjetée. Par grands tombereaux déversés au plus bas de la plage. Après un dernier regard vers elle, il s'enfermait pour tout l'après-midi dans sa rumeur — mer plus vraie qu'elle-même et comme son essence... Cela tenait de la lumière en suspension dans un brouillard d'été. Chaleureux, impondérable, un sable flottant s'apposait par affinité à l'épiderme poreux et l'informait de la pesante déambulation de l'élément, là-bas, de son écoulement égal.

Rumeur. Un fleuve de moelle impalpable naissait de la mer, auquel le soleil traversant les nuages floconneux ajoutait tiédeur et clarté. Et tout n'était que douceur dans cette mer dérobée au regard. Simplement était-ce une douceur que touchaient la hâte, l'impatience : celles de grandes courses par les mers, quand la pale des avirons fait voler l'eau en éclats ; celles d'une végétation à feuilles acérées, avide de se distinguer de la masse — et il y avait quelque chose de brûlant, de farouche dans cette aspiration à l'air libre, dans la volonté de ne pas composer avec un monde tenté par la torpeur.

A l'infini cerné par le pollen de mer, ébranlé, sapé par des eaux basses limoneuses, à demi noyé de brume (cette coloration automnale dans la rumeur...), le corps suivait néanmoins l'édification de la haute mer, ou plutôt il *voyait* se dégager, s'élever, seul vestige d'un temple dans la solitude de régions dévastées, une colonne unique, mal dégrossie mais en voie de polissage — et les doigts, la peau anticipaient la suavité du contour et de l'air bleu qui s'y noircit.

Etrangement, la végétation supérieure, longtemps contenue — par une vitre ? — parut peu à peu se rapprocher, incisive, aérée. Des tentacules progressaient vers le rivage, palpant ce monde qu'il fallait envahir. Toute une oseraie supputait ses chances.

A mesure qu'au-dessus d'un tonnerre laminé, la rumeur se divisait davantage contre elle-même, se lacérait de voix adverses, le corps brisait son éblouissement diffus, son engourdissement. Lentement une fenêtre s'était ouverte à deux battants ; la présence de l'eau avait agi comme fait l'aube quand elle s'immisce en notre sommeil. Présence d'une épaisseur proche, d'une paroi fraîche. La rumeur, qui s'était allégée en un chantonnement de massifs de fleurs à midi, cédait le pas désormais à un chuintement tendu d'offensive, au roulement des convois de renforts, au tumulte des trouées dans les rangs ennemis. Une eau s'aiguise à soi-même et toute douceur a disparu, (il faudrait, pour la retrouver, se mêler à l'extrême écume projetée sur la plage) — et tout parle, dans la hâte d'en finir, d'assaut, de préhension et d'arrachement. D'ardeur encore, de la longue vibration qui saisit l'athlète devant l'obstacle dont il devra s'intégrer pour l'abolir la composante essentielle, qu'elle soit hauteur, longueur, durée ou poids. Et puis, déjà, on décèle dans la rumeur la raucité spécifique de la consommation, de l'achèvement, de la victoire. Une liesse assourdie où point la satiété. (Mais ces hautes flammes pourtant, qui s'enlacent et se déchirent tout auprès...)

Le jour était là — comme peuplier dans le vent d'est — que la mer avait par degrés rassemblé, construit, poussé vers *lui* qu'elle rendait ainsi au réel, au présent.

... Alors il se levait et faisait face. A la mer toute neuve, une fois de plus, comme un très vieux peuple régénéré par la sédition et comme un organisme insatiablement à la découverte de soi.

15 Avril. [HM 6 h 45] 10 h 30 — Marée descendante ou l'évidence — l'évidement ! — de la lumière. Celle-là même qui l'accueillait, le seuil franchi, comme un bonheur palpable, avait ici, au bord de la mer, son assise et sa source. Ici, elle prenait corps. En cette mer ouverte sur ses longs gisements de lumière gemme qui affleurent le front de *côte* morcelé, les falaises crayeuses ravinées.

Le monde visible n'était que rumeur de lumière, rumeur heureuse de ville vacante saisie par le loisir. Une seule rumeur épandue, plus ou moins dense, diversement colorée suivant qu'elle se présente sous les espèces de l'eau, du sable, du ciel. Une même rumeur en laquelle se réalisait l'unité de la création — de la masse murmurante au silence à fines mailles du sable ; d'un ciel digne d'une voile de felouque à cet homme éperdu d'exister et de se tenir sans rembarde au centre exact d'un jour si nu.

16 Avril. — "Tu es bien ?" — "Je suis bien." Assurément les choses, les états peuvent s'exprimer en termes très simples, convenus, et qui suffisent à la plupart ainsi que des mots de passe. Aurait-il su, au reste, expliciter ce qu'en cette minute sans borne ces mots usées contenaient ? ... "Je suis bien. Je suis parfaitement bien. Je suis...” Comme la fin de nos phrases mentales s’enlise dans le sommeil proche, ce qu’il s’efforçait à présent de démêler pour lui-même avait peine à parvenir au jour de la conscience, et plus encore à se formuler, comme si chaque phrase eût dû traverser un milieu épais, liquoreux, où elle se fût peu à peu déformée jusqu’à devenir inintelligible, — maillons disjoints, articulations défaites... — comme il advient d’une pensée languissante, où les mots gisent, privés de leurs affinités, de leur nécessité.

Il aurait voulu dire qu’il était *bien,* en premier lieu parce qu’il se trouvait enfin devant la mer, toute la terre derrière lui avec ses routes, ses maisons, et les propos de peu qu’on y tient. Ici, on était pris, pris en mains, insidieusement pris par tous les sens à la fois — la mer tissant sur le champ un cocon autour de sa proie. Mais pris par ce qu’on préférait. Et c’était là gage donné à un amour pourtant non payé de retour ; car ainsi adossé à la terre, et la mer pesant contre lui — à la façon des couples accotés à l’encoignure des portes cochères, la nuit —, il n’avait certes pas à faire cet effort de l’amant qui détache un peu du sien, pour mieux le considérer, le visage aimé. Toujours ici s’interposait un rempart d'air compact, vivace, qu'on eût dit édifié sur des fortifications arasées, des vestiges babyloniens. Rien de l'isolement précaire que le couple se ménage au sein du monde habité, mais la solitude constituée, mais le refus signifié sans ambages. Par excès de présence, et en privant de regard, de voix, de dimensions l'être qui s'avance vers elle, la mer se protège d'un infranchissable désert (le mot *désir* convenant non moins). Et le couple même qui, se reformant après une séparation, croit que le monde s'en abolit, qu'il se hasarde par les confins marins : il verra ce qu'il pèse.

Mais telle est la passion, qu'il pouvait dire "Je suis bien" malgré les rebuffades des vagues. Faute de pouvoir réduire à néant le ... *rien,* ne se trouvait-il pas aussi près que possible de son point d'équilibre, de sa position de repos ? S'embarquer lui semblait illusoire. A peine aurait-il abordé qu'il ne penserait qu'à faire volte face, se condamnant ainsi à l'errance. Une fois, pour avoir voulu connaître les paysages hauturiers, il avait eu, certes, sous la perpétuelle oscillation du ciel, l'expérience de *sa* chair élastique ; mais ce n'était jamais que s'en tenir à la surface, et le visage qu'il poursuivait lui avait alors paru plus indiscernable encore que du rivage, — cependant que lui-même, au centre de la cible, s'était senti raturé par l'ironie universelle, à moins qu'on ne le soumît à un patient foudroiement.

Ici, en revanche, la foudre se dispersait en facules fusant de l'astre ; ici, dût-on vivre avec la brûlure de celui qui se voit pour toujours refuser la terre natale qu'il pourrait toucher de la main, du moins se trouvait-on sous le regard — oblique, acéré, qu'importe ? — de l'être à qui on fait avec bonheur soumission.

De sorte qu'il était bien, tel un chien étendu aux pieds du maître.

17 Avril. — ... Mais "je suis bien" voulait dire encore tant de choses... "Je suis bien" parce que je me tiens au coeur de la lumière, caressé de ses aigrettes, transpercé de la pointe de ses cristaux — lumière noire de la mer au-delà du linge tordu des vagues, lumière pépiante sur la mer à midi, lumière épaisse et visqueuse que le flot cendreux roule au rivage..., mais toujours la lumière en son règne, les armes silencieuses, irréfutables de la lumière. L'ombre qui subsiste en moi n'est plus celle que j'oppose parfois à la justice, à la vérité, à la pureté, ni celle d'une simple pensée. Elle est, au reste, moins ombre que lacis rose, pourpre, enserrant, nourrissant l'or fourmillant de la maturation. Chacun de ses grains visité, fécondé, elle n'est qu'une modalité de la lumière mûrissante. Et moi un pur limon que seuls maintiennent debout, dans son éblouissement, des cirques concentriques d'absence.

"Ah, je ne savais pas que s'en remettre sans réserve à la lumière vous menât en vue de landes où l'on n'est même plus cyprès mais fumée diaphane sur le ciel ; où l'on goûte — et quel sourire vous en vient... — aux séductions conjuguées de n'être pas encore et de n'être plus tout à fait."

Et ce n'était plus, en effet, son sang qu'il entendait en lui, ou plutôt ses pulsations ne se distinguaient plus de cette rumeur, autour, de sang soudain chassé : ils en participaient. Puisant sa vie à même le courant irrépressible qui l'épousait, le traversait, tirant de la présence de la mer la satiété du regard, du coeur, de la gorge propre à l'amour heureux, il se découvrait sans désir et d'ailleurs sans force pour souhaiter quoi que ce fût.

Entre un espace de vie souple et brillante, et le réduit obscur qu'il y figurait, une sorte d'osmose avait établi l'équilibre. Demi absorbé, demi dissous, il avait à présent part, à peine plus liquoreuse, à la plénitude. Et sans doute n'était-il si “bien” que pour avoir retrouvé, lumineux et chaud — et *noir* de ne plus connaître la clarté corrosive de la conscience —, un équivalent du milieu foetal.

18 Avril. [HM 9 h 40] 9 h 40 — Pleine mer, mais plénitude aussi d'un horizon qui n'est plus la ligne tendue de la basse mer, puisqu'il semble se gonfler, s'épaissir — comme une corde lâche brusquement tendue — toute la mer visible pour amplitude... Pleine mer, et ses museaux aigus de renard posés sur la plage. Mer gavée, repue, qui ne s'exprime plus que par une rumeur de nuages charriés, de cuve de moût débordante... Pourtant, voici déjà s'ouvrir des brèches dans la ronronnante haleine de bêtes à l'étable, l'hiver.

Brèches d'eau, paysages d'oiseaux qui rament ou de poissons volants. Lentement, quelques feuillages se dégagent de la masse, et on leur doit peut-être ce chantonnement coupé d'ascensions. Puis la rumeur paraît prendre ses distances ; elle s'amincit, s'infléchit jusqu'à une nappe de silence... Et fine et dense est la caresse de mille cimes de sel, traversée, éclairée d'effleurements liquides, d'enlacements impatients. ☆

Cependant, comme il advient presque toujours avec la mer, le repli des troupes se fera avec méthode et sans désemparer, masqué par le balancement d'une même vague de rumeur poussée hors, puis un instant humée, — attisée ? — par le silence, et à nouveau rejetée. Ce qui nous vaut un espace qu'une harde de buffles, naseaux à terre, envahirait à intervalles réguliers ; à moins que ce ne soit une cohue de moutons indécis qui se perd bientôt en un remous aux lentes volutes. ☆ Et la forêt demeure mais n'est plus composée que d'essences de lumière : un flottis de ciel se pressent entre le sous-bois plus touffu que massifs de fusain et les cimes qui hersent le vent, les cimes empanachées d'un sillage d'air.

Un sillage... Entre les hautes parois de l'espace

bruissant, l'imminence du départ. Et le glissement d'étoffes de soie sur les comptoirs... Ah, comme la mer qui se retire sait se faire persuasive !...

"Ce jour qui sera le dernier..." En ce jour où il fallait une fois de plus la quitter, comment ne se serait-il pas dit qu'il n'y aurait peut-être pas de retrouvailles ? Et dès lors, venait, lancinante, la sensation de n'avoir rien su voir ou dire qui vaille. La mer demeurait elle-même, aussi lointaine, indifférente, menant sa course solitaire. Faisant pour toujours cavalier seul. Pas une parole n'aurait eu de prise sur elle et le dernier mot, une fois de plus, lui appartiendrait.

D'autres viendraient, sans doute, qui sauraient dire la mer. Il n'en ressentait pas moins d'amertume de vivre un tel attachement sans pouvoir l'exprimer. Jamais d'ailleurs il ne recourait à un poème d'hier pour rompre son mutisme. Le langage dont il rêvait ici ne pouvait pas plus reprendre souffle que la mer ; il ne devait pas même avoir servi si on voulait rivaliser avec la permanente création de cette chose toujours future appelée mer. Il devait être, ce langage, celui de l'hymne, de l'épopée, et de la notation du naturaliste. Mémoire et désir s'y rencontreraient. Par lui seraient assurées la suprématie de la conscience sur le périssable, la victoire sur l'effacement de chaque instant.

La langue dont il usait se révélait ici trop ancienne, et raide, et épuisée. Pour faire pièce à la perpétuelle nouveauté de la mer, il rêvait de laisser indéfiniment les mots conclure des alliances inouïes qui la prenant de court, la décontenanceraient. Il se surprenait à esquisser un mâchonnement comme pour malaxer les mots, mêler leur substance, susciter des vocables à la composition libre et souple — et toute provisoire. Mais le regard, tellement plus vieux que la mer, se brisait sur la carapace dont elle se revêt, faite de déjà nommé autant que d'indicible ; mais ainsi que du langage réglé, elle se jouait de la moindre syllabe, s'en emparait — omnivore ! — pour son festin sans fin poursuivi de mante religieuse. (Et avec elle aussi, la tête de l'imprudent disparaissait d'abord.)

Surtout, il fallait compter avec la démesure de l'Autre. Que pèse une voix débile en face de celles entrelacées de l'orage et du torrent ? Un coeur fluctuant et divisé, au regard de la cohérence, de la pérennité ? Il retrouvait ici ses impuissances rageuses d'enfant ; il prenait enfin conscience de cette misère de l'homme qui n'était jusque là que propos de penseur. Comme si la mer, par sa violente nudité de miroir, avait le pouvoir de révéler, à qui vient vers elle en quête de vérité, son état larvaire.

3 Août. — Arrivé en début d'après-midi, il avait résisté au désir de courir vers le rivage, alors même que tout l'y conviait : le jour intense, les gens dans la rue comme drainés, aimantés selon une direction unique, la rumeur faite de sonorités vivaces mêlées au souffle de la mer — du moins croyait-on la percevoir basse et sourde à l'horizon et non traversant l'espace en faisant force de rames comme par gros temps — et puis cette allégresse qui se traduit de loin par un émiettement des voix pareil à celui qui précède au théâtre le lever du rideau, l'espace des trois coups.

Et pur et plein était le jour ; pourtant, cette lumière que les pins travaillaient en subtils joailliers ne répondait pas à son attente. Une autre existait, il en était sûr, qui faisait paraître celle-ci trop aimable et conciliante.

La mer n'était pas même nommée, ni pensée en tant que telle. Il pressentait seulement qu'à s'engager dans une certaine direction aisément décelable, on devait atteindre — et il n'aurait su dire d'où lui venait ce sentiment de nécessité : peut-être de ce que le jour, ici, avait de léger, de peu consistant —, on devait, oui, parvenir à un lieu d'extrême densité de la lumière, à un foyer qu'on ne pouvait outrepasser parce que toutes les routes du désir, de l'insatisfaction, de la nostalgie vous y menaient ou ramenaient. Et c'était bien de l'insatisfaction qu'il éprouvait, sous la forme vague d'un dépit, d'une secrète frustration ; la tête se tournant sans cesse vers ce ventre gros de jour bleu qu'on devinait couché là-bas — et le jour et l'espace s'en trouvaient déséquilibrés... Jusqu'au soir humant, tel un cheval entravé, la prairie ouverte, et rôdant en esprit autour du pays qui représentait pour lui, avec la lumière absolue, la liberté et l'aliénation totales.

4 Août. [HM 14 h 03] — Si la mer le plus souvent l'attendait sur le seuil, comme un chien geignant ou grondant d'impatience et, à peine sorti, l'accompagnait en se faisant plus enveloppante, plus appelante aussi à mesure qu'il s'avançait vers son cirque, certains matins, au contraire, il était frappé, en s'engageant parmi les dunes, du silence qui les enlisait. A croire qu'au delà, la mer gisait, privée de souffle, et qu'on allait trouver sa dépouille, encore tiède. L'absence, la défection, telles étaient les sensations qui lui venaient des bruits de la terre et du ciel, là où, la veille, la mer étendait sa tutelle. (Ainsi s'éveille stupéfait de sa liberté le pays qui, de nuit, s'affranchit de son joug.)

Les coups de ciseaux brefs des oiseaux qui ponctuaient les querelles ou qui, — signes ou signaux jetés en passant, — disaient le plaisir du vol, de la chasse, de la rencontre ; des trilles tendres d'hirondelles plus insolites encore, concouraient ainsi à l'impression qu'il avait, de terres très anciennes, à l'abandon, où rien ne vient plus contrarier l'essor des voix qui s'y hasardent.

Et cependant, les formes du relief, le tapis végétal — le parfum des immortelles veinant l'odeur du sable humide — témoignaient bien de l'action de la mer ; de sa présence, même, d'immense corolle d'où la sève s'est retirée.

La mer n'était pas morte, mais seulement partie très loin à la recherche de ses assises. Elle s'était abandonnée à son poids, à la pente, à son goût de la profondeur et du repliement. Il ne fallait que l'attendre, vive et rassemblée, avec la certitude de son retour. Dans la marge du silence, il y aurait soudain la chaleur d'un souffle très bas rôdant par la côte, à peine s'élevant au-dessus de la crête des dunes, mais suffisant pour que tout soit changé, et rompu le charme qui tenait le paysage engagé dans la terre. Pour quelque temps encore, un partage de l'espace se maintiendrait ; une frontière mouvante, disputée, s'établissant entre le domaine de la terre et celui des eaux, comme au troisième jour de la création. De vastes silences reviendraient planer, qui se confondraient avec la rêverie d'un monde qui s'essore de la nuit ; de vastes silences piquetés de cris proches d'oiseaux, rayés par ceux, lointains, des enfants. Puis il suffirait d'un seul élan soulevant l'espace assoupi pour que tout reflue et s'altère. Il y aurait une montée, une invasion de nuages moelleuse et irrépressible. Il y aurait ce bruit d'eau déversée — enfin ! — par quoi la Nouvelle Venue révèlerait sa nature. La vie, la lente palpitation de l'Elément. Comme un coeur remis en marche qui chancelle encore parfois, mais rien maintenant ne l'arrêtera plus ; le grand corps de la Terre de nouveau investi, possédé, revivifié...

Chaque fois qu'il retrouvait la mer, il avait besoin d'un long temps d'accommodation avant de pouvoir distinctement l'entendre et la voir. Elle était d'abord un simple désordre de sensations comme si les yeux, les oreilles, le toucher aussi eussent été indifféremment alertés par les sons, les lignes, les odeurs... Le dérèglement ordonné des sens que voulait Rimbaud se réalisait ici d'emblée, dans une totale indétermination. Le bruit de l'écume était lumière et contact, la rumeur se faisait volutes et larges surfaces courbes, la chaleur introduisait l'être dans la cendre des sommeils heureux. Avec, en deçà, une sensation fondamentale d'évidence : *c'était* ainsi, et c'était chose si simple, qu'elle n'appelait, ne méritait peut-être aucune louange. D'autant qu'elle semblait bien repousser toute parole.

Tête, pensée rompues, il fallait attendre que la lumière parût moins vive, que chacun des sens reconquît son domaine propre. L'horizon. La ligne du rivage. Une mer plate et basse, et d'un bleu de marne. Ou bien haute et luisante. Une vague qui se forme, rapide, et s'abat, courte, furtive. Ou qui longuement se hausse, se polit, s'étire et se brise, dans la joie de s'abîmer... La mer peu à peu se recompose, s'organise, s'articule, cependant que l'être s'en déprend juste assez pour cesser d'être la proie de son miroir aux alouettes. Oui, ce sont là son odeur, sa saveur, sa rumeur aussi, combien plus vastes qu'elle encore et dont une bribe vous restitue sur l'instant son visage entier.

Et c'est alors que l'ayant reconnue, remémorée, une et complexe, il pouvait reprendre le fil de sa rumination.

Allongé sur le ventre, il regardait la haute mer plate et scintillante. Ses genoux écartés s'enfonçaient un peu dans le sable comme dans les flancs d'une monture, et il pensa que la possession s'amorçait ainsi, dans une pesée du corps et des membres. Le désir flottait autour de lui ; il le sentait l'investir — dans la brûlure de sa joue, de sa pommette, de sa tempe offertes au soleil, dans l'amas d'ombre qui entraînait son bassin vers l'enfoncement, dans ce corps gourd et gonflé qui aspirait à s'ouvrir et à se perdre.

A la saignée du bras replié sous sa tête, il voyait palpiter la chair finement ocellée par quelques grains de sable ; et tout tenait à ce tressaillement régulier : vivant, il était vivant d'une vie précaire et néanmoins massive, d'une vie qu'il lui fallait imposer à un autre être, épancher en celui-ci. Et le désir semblait encore sans objet. A l'état pur. Mais la peau déjà reconnaissait ce climat pourpre, cette flambée où finit l'arbre de nos veines.

6 Août. [BM 9 h 30] 8 h 30 — Si la haute mer l'épaulait de toutes parts, le rassemblait, l'édifiait en même temps qu'elle le dilatait, il ne surprenait jamais la mer basse, au matin, sans ressentir le heurt de l'espace uni mis au jour. La liberté, pour lui, ne pouvait avoir figure plus parfaite que cette large voie à perte de vue qui s'incurvait à peine au loin. Une route neuve et nue mais la table rase aussi, et tout ici était commencement. Le corps ni l'esprit — massés, stimulés par les vagues pétulantes du reflux qui s'enchaînaient en une pression soutenue, soulignée par instants d'un écho moelleux, lequel introduisait la profusion, le volume dans un univers liquide à deux dimensions — le corps ni l'esprit ne rencontraient d'entraves à leur cours. Ils semblaient, l'un et l'autre, en un milieu de faible densité où les gestes, les démarches en retirent une aisance inhabituelle et quasi une démesure.

En ce lieu sans mémoire, en cette aire de calme frangée d'un flot mince à tire d'aile comme lumière rasante accourant se poser là, tout devenait possible. Debout, face au point de fuite des lignes — et les horizons mêmes avaient été formés en faisceau — l'être pouvait se croire élevé sur le pavois. Tout lui était soumis, hormis le ciel qui l'enfermait dans son regard évidé. Aussi loin qu'il allât, le champ de ses conquêtes le précéderait, et c'était là une chose accomplie qui eût gardé son statut de projet. Nul désenchantement de la conquête, donc, mais aux lèvres, un alcool qui avait le goût de la menthe et de l'aube et auquel aussi il tenait tête. ☆

Ainsi le socle dégagé rendait-il justice à l'homme vertical, comme il lui donnait sa foulée de conquérant... Mais déjà la mer s'en revenait sans qu'elle eût jamais paru se retirer. Elle revenait vers la vieille souche déchaussée de la terre et l'on ne pouvait en douter, à ses froissements d'impatience, à cette ferveur qui l'avait saisie. Et il sentit alors que l'équilibre des lignes, des forces qui lui permettait d'apparaître en médiateur était rompu, que sa royauté s'en trouvait contestée et sans doute ruinée.

La mer avait reconquis sa troisième dimension ; elle s'avançait en coulée grossière, bousculée de rapides... Puis elle apparut moins fervente, presque lasse, comme si le flot se chargeait par trop de limon ou que l'élan suscité par la facilité des premières reconquêtes se fût brisé sur la pente croissante. ☆

A quelle minute la détermination vint-elle relayer la ferveur fléchissante ? Voici que s'accroissent l'épaisseur et l'amplitude des nappes jetées en avant, en un soubassement illusoire, et que la mer n'est plus une dalle de schiste, mais une formation de puissants oiseaux pris au piège, toutes ailes battantes mêlées.

Force était bien de se contenter d'apparences, de s'en tenir aux conjectures puisque *l'être,* en elle, débordait, accablait infiniment l'homme. Grande chose — et si vagues que fussent ces termes, ils lui convenaient assez ; davantage, ils étaient les seuls qu'elle pût sans doute agréer. Grande chose évasive et concertée, s'échelonnant et simultanée... L'évidence et l'énigme mêmes... Ainsi se réfugiait-il dans l'approximation quand lui manquaient les termes, les images propres à tenir lieu, à chaque seconde, de conscience à la mer ; propres à restituer, au coeur de son ressassement, les variations que le temps y introduit.

[HM 15 h 50] 15 heures — Bien qu'il fût sûr de l'échec, il s'assit au plus près pour tenter de surprendre la singulière beauté de la mer s'acheminant vers sa plénitude. La figure mobile de la perfection proche et déjà atteinte, voilà ce qu'il aurait dû fixer. Or, tout se résolvait en éclats de lumière acérée glissant, plongeant, reparaissant sur le flot ; en affrontements de griffes étincelantes que traversait une rauque expiration de fauve.

La lumière ; mais la fraîcheur allègre aussi. Celle d'une averse d'orage, quand on sait que l'été demeure entre les fins, les frais barreaux de la pluie. (Ainsi qu'entre les mailles rompues de la lumière subsiste cette nuit laiteuse d'étoiles dissoutes.)

Plénitude... Voici, au plus haut, la terre et la mer bouche à bouche, lèvre à lèvre pour un dialogue convenu ; voici la mer, rutilante de joyaux, engagée en d'infinies opérations de troc comme aux premiers âges de l'humain... Cependant que, peu à peu, de l'espace bondé de rumeur brève, de la mer éperdue d'orgueil, de la fraîcheur et de la chaleur simultanément éprouvées dans leur âpreté comme l'envers et l'endroit de la lumière, — un appel convergeait. C'était l'heure où, sur les plages, des baigneurs se levaient, s'avançaient vers le brasier, les chevilles érodées par la nappe d'écume, le visage soulevé par l'essor de la jonchée de lumière, puis se jetaient à même la flamme et la source.

Son corps aussi avait soif d'eaux vives, originelles, — de leurs exclamations, de leurs cris qu'il entendait à ne s'y méprendre. Quant à l'âme, elle ne pouvait rester en marge d'un jeu auquel elle devait sa direction — son cap — et son effervescence : il lui fallait se rejoindre là où elle se trouvait vraiment... Il entra d'un coup dans la mer en bousculant le flot, toute dualité abolie, comme si la chair se fût faite conscience, ou que celle-ci se fût incarnée.

7 Août. [HM 16 h 40] 15 h 40 — Plane, la mer affleurait le terre-plein du rivage, soumettant la plage à son horizontalité. Mais plus encore que le mince feston, que la surface de haut plateau abrasé de la mer, la rumeur annonçait le proche étale de flot. C'était elle, ajourée d'ovales de silence que menaçait une fin de ruissellement, qui étayait sans hâte l'espace de colonnes et d'arcs-boutants jaillis "d'un seul enlèvement". Et parfois, on voyait une arche effilée joindre une colonne à la suivante ; la mer apparaissant alors comme un édifice que l'on parachève. A la profusion baroque succédaient la mesure et l'harmonie, fruits des silences plus encore que des lignes. Il semblait qu'on fût convié à admirer pas à pas, avec des arrêts judicieux, une ordonnance classique. Que s'élaborât un "art de montrer la mer" comme il en est un, royal, pour les jardins de Versailles.

Aussi se sentait-il entraîné en une très lente promenade où on longeait également un cloître (cette succession d'évidements et de colonnettes aux chapiteaux feuillus...), où l'on croyait percevoir entre jet de rumeur et silence, un tintement de fontaine parcimonieuse qu'on eût dit intemporel.

... Quelques vagues retentissent comme pour sonner une nouvelle charge. Mais la mer touche au terme de sa reconquête. Il ne s'agit plus que de s'ouvrir quelques chenaux courbes par où passer pardessus bord, puis de laisser se perdre dans le sable, détachée de soi, la scintillation d'ultimes semailles... Ecrasé, laminé, le rivage n'est plus animé que de mouvements rétractiles, et en dépit de la rumeur spasmodique, le silence à présent l'emporte. Celui de la masse renflée, pareille à ces miroirs bombés dits "de sorcière" qui reflètent en courtes flammes toute la pièce en leur oeil. Celui de l'oeuvre accomplie. ☆

Combien dura-t-il ? Et fut-il vraiment ? Déjà la mer rappelle ses légions les plus avancées. Rien ne semble remis en question, mais l'ordre d'abandonner le *limes* se propage de bouche à oreille sous le manteau. Et si le silence subsiste, c'est traversé d'expirations forcées, d'étirements, de profonds ahans.

A distance du terre-plein de sable criblé, de cuivre battu, où l'eau ne se hasarde plus guère — et il en retire un aspect de chaussée déserte après l'averse — une vague s'abat. Solitaire. Suffisante pour que le message soit entendu : la mer cesse d'être spectatrice d'elle-même, et cette vague est le signe que la décision prise et transmise en secret vient de parvenir aux confins de l'empire. De la frondaison compacte se dégagent de nouveau des arbres, des rameaux, des feuilles. L'ombre, l'ombre que le silence intimidait, refait surface et, par longues nasses fourmillantes, recommence à se déverser au rivage.

9 Août. [HM 18 h 15] 15 h 15 — La mer monte en un grand déploiement d'écume, de cris d'enfants, de bruine souffletée, d'écailles d'eau luisantes, de bourrades de rumeur dans une seule lumière où tout s'abolit. La mer monte et il n'y a plus, pour paysage, que cet abrupt qui dévisage la terre, ce tranchant qui s'émousse sans cesse, ce dévalement sans frein. Qu'une averse épaisse de lumière s'avançant par à-coups successifs.

Il ne se lassait pas de humer l'étincellement humide de l'écume, comme poudre jetée aux yeux mais qui, à l'opposé de toute cendre, était à la fois tiède haleine de vivant et pollen des pins assaillis par le vent de mai. Il se laissait immerger dans le brouhaha de la vague claquant sur le rivage et se désagrégeant, étourdi, aveugle au reste du monde, captif de l'univers liquide, puis il resurgissait à demi tel un nageur — et voici, devinés plutôt que reconnus, la terre, l'espace habitable, — jusqu'à ce qu'on le pousse tête la première dans le flamboyant fourré de la vague suivante.

S'établir sur la plage, par marée montante, c'est habiter un étroit domaine aux frontières disputées, effacées, distendues... — où vous assiège soudain une aube de neige sur laquelle le soleil va se lever, dure au regard, élastique comme un ventre de jeune fille, toute de candeur possessive. C'est vivre parmi des étoiles aussi blessantes que silex, répandues par un ciel de nuit d'été qui aurait crevé sur la mer. Et c'est là, encore, un pays de grands vents amarrés ou tenus en laisse, de sel aride et de crues-du-siècle, et mille rives soupirent alors sur la terrasse enfin conquise. De là qu'on y ressente l'évidence simultanée de la flamme, de la fleur, du rire et de la rosée, de la neige et du torrent, chacune d'elles sans limites. Et celui qui a une fois vécu dans ce pays déblayé, nivelé, où la lumière est le seul élément, comment pourrait-il oublier jamais qu'il en relève, ainsi qu'on ne cesse d'être assujetti à certains souvenirs ? Comment nos eaux et nos arbres, nos prés et nos nuages ne lui apparaîtraient-ils pas ce qu'ils sont : l'ombre diversifiée de ce qui est à la fois l'Arbre et l'Eau, le Nuage et la Prairie ? (Et de ce pays sans dimensions, on dirait, l'ayant quitté, qu'il n'existe pas, s'il n'imprimait inopinément ses entrelacs sur un relief de colline, une lisière de forêt ou un aval de fleuve.)

17 h 15 — A la profusion de l'eau déracinée, chassée par nappes de charriage, une autre répond, à mesure que le soleil descend — éblouissant radiolaire sur la vase du ciel : celle d'une lumière épaisse jusqu'au magma. Lourde, à hauteur du regard, et les dents sont à nu malgré la bouche close et les paupières ploient sous la charge. Au ras de l'homme, un grand jour éventré devant lui, invivable, adorable (Ah, ce bruit de fontaine en sa vasque, et l'ombre fraîche des arbres qui s'ébrouent de leur neige...) Oui, un pays secoué de salves et d'exécutions capitales, et tout un peuple armé d'épieux s'est mobilisé au second plan ; mais un pays habitable où un clapotis de lac, le songe éveillé d'un peuplier conjurent la tourmente. ☆

A haute mer, haute lumière ; mais le silence même prend consistance et hauteur entre les vagues catapultées — toutes rives à nouveau épousées d'une lèvre évasive —; entre les rafales que sème la tempête qui s'éloigne. Le silence s'agrège quelque part dans l'espace comme au soir d'un jour de chasse se reforment les troupes d'oiseaux éparpillées par l'angoisse.

Qu'un peu de temps s'écoule encore, que le pays soit tout entier occupé, sa terre ameublie, ses murs jointoyés, et le calme paraît ne faire qu'un avec le ciel. (Ou bien faut-il voir en celui-ci un immense creuset de réticence et de réserve ?)

Un peu de temps... Afin que la mer soit d'abord cela : une porte grand ouverte sur le jour d'été ; le soleil coulant sur la pierre du seuil et le dallage de la pièce commune. (Et ce fourmillement de noir, quand les yeux passent de la vive clarté à la pénombre...)

19 heures — En deçà de la rumeur de constriction des eaux, il y a désormais ce silence des soirs de serein qui est, autour des voix, comme une eau fraîche, ce calme un peu décontenancé de la fête finie, et plus encore une paix de terres et d'eaux mortes. (Est-ce l'humus, est-ce l'automne qui feutre ainsi l'odeur de fraîchin ?)

Une mer chargée de nuit, déjà, l'écume bleue, l'espace qui a la saveur propre aux choses mûres, et le soleil bas qui vous fait un regard à protubérances (lumineuses) pareilles aux côtes du murex perceur, — au vrai, l'heure est trop douce, et l'âme et le corps perçoivent ce qu'elle a de fragile, de mortel : le ver est dans ce fruit qui envahit notre palais, gorge serrée de tendresse et de délices.

19 h 30 — Les soubresauts de la rumeur peuvent bien heurter le degré de sable froissé par les pas : l'air est une voile qu'on affale ; la mélancolie envahit la plage toute pesanteur et, avec elle, les corps qui s'y attardent. Le soleil est maintenant une fleur de tournesol que des vagues séparent de sa tige de feu ; mais pourquoi n'y pas voir aussi un ostensoir exposé en vain dans l'église déserte ? Au long du rivage, en cette fin de jour, le sacré se pressent. A cause d'un goût, à nos lèvres, de très vieux âges, bien au-delà de l'airain, de la pierre : le temps des forces sans nulle parade, de la nuit sans remède — et quelles terreurs paniques chez ceux qui venaient de se redresser...

Un reste de bleu flotte encore sur le sable, mais une flache oubliée par le reflux n'enferme plus qu'une aube mort-née, et la rumeur semble appartenir à une autre mer, un autre jour. Une autre vie ?

10 Août. [BM 12 h 45] 9 h 30 — De faibles ondulations traversent la mer sans troubler son sommeil. A peine si la lèvre mince daigne se soulever, avec lassitude et presque répulsion. L'espace entier est silence errant, hormis, en lisière, la brève aspiration qui vient ponctuer plutôt que rompre la léthargie des eaux ; le silence retombant chaque fois comme une draperie qu'on abandonne. Et c'est un visage singulier que celui où l'on peut également lire l'incertitude, la méditation, le repos harassé, l'expectative.

Une vague pourtant s'est levée, épaulée d'ombre, et la voici qui jette en ce silence le poids de sa détermination, la semence de son écho. Un travail s'organise en marge, ralenti de pauses où l'on n'entend plus que l'ébranlement, le frémissement de l'étendue, — et l'on dirait d'un lourd navire à aubes, à remettre en marche.

Linéaire, en ordre dispersé, sans tenants ni aboutissants, la rumeur prend mal et doit compter avec un silence de chemin de ronde que des vagues ébrèchent à peine, tôt soufflées comme une flamme de lampe. En arrière, le visage impassible de la mer. Jamais plus insaisissable qu'à cette heure où si peu de lignes le composent, et simples, et quasi abstraites. Le visage du refus ? de l'ennui ? de la solitude ? Il pensa au titre d'Eluard : "Une longue réflexion amoureuse". Et si c'était là le modèle des visages que l'amour rend lisses et que scelle le plaisir ? ☆

Lentement, la mer lâche prise par un piétinement impatient de sa frange, et semble se replier sur le rêve qu'elle poursuit en son enclos. Maintenant, un feu aux sonorités métalliques court sur le rivage, jetant bas l'un après l'autre des chênes rouvres d'hiver (leurs feuilles sèches !). Un rempart continu isole le fort de silence — ô mer inexpugnable... Et puis la minceur s'affirme et tout dit la croissance sans limites d'un limbe dentelé, le dépliement de jeunes feuilles fripées. La mer "habillée de feuilles". Une mer en avril comme, en fin d'après-midi, elle évoque invinciblement septembre. ☆

Plus que jamais végétale, avec le temps, la mer est

clairière devinée et, parce qu'elle dévide une langue d'arbres, la voici plus familière, amicale — et par instants, presque intelligible... “Je parle d'un jardin...” Sans doute, comme aussi de ruisseaux froissés d'herbes, de passages d'oiseaux, de pluies d'été, de sommeils d'hiver...

[HM 19 h] 15 h 30 — Plane, éraflée d'étoiles, la mer poursuit son clapotis d'eau douce, sa lenteur calculée, et cette vacance, cette errance de l'âme que traduisent la faible oscillation du flot et la rêverie qui se protège du cordon de rumeur. Comme rassasiée, sans désir, et ne respirant plus que par habitude, une mer *fermée* ou qui aurait perdu le goût des voyages. Ou bien abâtardie, que retiendraient les délices du soleil. Et l'on ne sait si sa chair ne va pas se décomposer — sombre, tuméfiée, en regard de cette part incorruptible : l'archipel de feux clignotants.

Cependant, comme si tant de calme ne pouvait subsister davantage, l'attente d'un événement se fait sensible. L'esprit, le corps aussi en viennent à souhaiter l'irruption du désordre, de l'orage, et que la mer reprenne son visage *vrai.* Mais, ici aussi, il faut que les temps s'accomplissent. A peine la palme du flot paraît-elle plus épaisse et lourde, et ses battements plus continus, ainsi que plongerait une rame lente et régulière. ☆

18 heures — C'est à 6 heures de l'après-midi qu'il faut embrasser d'un long regard les premières dunes, la terre engourdie par le trop beau soir : les aiguilles de pin ont le vert acide des feuilles naissantes, mais les sentes de sable meuble, entre les touffes d'oyats, la chaude clarté des routes poudreuses. La lumière alors imprègne jusqu'aux voix, plus vives et assurées, jusqu'aux cris des oiseaux délivrés d'on ne sait quelle gangue ou quelle inquiétude. Et ce froissement d'une traîne soyeuse, par grands pas glissés, — chacun d'eux retenu, puis conduit avec une sorte d'emportement, — ce froissement qui, une fois quitté le rivage, prolonge et résume la grande féria de la mer, n'est plus lui-même que lumière suave, duveteuse où passerait un reflet cuivré d'orage.

11 Août. [BM 13 h 30] 9 heures — Marée descendante. L'immense cytoplasme était parcouru d'une vibration que la frange ciliée muait en touchers précautionneux ou véhéments. Et telle était la qualité de la rumeur qui en naissait, qu'il se surprit à tenter de *qualifier* ce qu'il entendait.

Soyeuse ? Sans doute, mais elle évoquait une étoffe ayant plus de corps, une autre armure que la soie, et surtout le mot disait mal tout ce qu'elle offrait de moires à l'oreille. Enfin, cette rumeur partageait, avec le velours d'un vin jeune, un rien d'abrupt dans les finales, de presque rude, — de séveux, selon le terme vigneron.

L'épithète se dérobait, qui l'eût contenue, fixée, restituée entière. Et cependant, nul doute que ce mot qui, de surcroît, se devait de favoriser l'allitération, se rencontrât en quelque idiome. Simplement était-il vain d'aborder la mer tour de Babel sans la connaissance de multiples langues et dialectes, — et jusque dans leurs formes anciennes souvent plus savoureuses.

C'est alors que le vieux mot de *soef* s'imposa à lui, avec sa douceur initiale, qui allait s'épanouissant pour bientôt tourner court de cet excès même d'ouverture. Et le mot restituait bien, pourvu qu'on l'amplifiât à l'infini, l'allure souple et sereine de la rumeur, son mouvement qui la menait du silence de l'espace à celui du sable. Il convenait seulement de ne voir en lui qu'une approximation, qui valait pour la seule trame et ne rendait nul compte des variations incessantes. ☆

10 h 30 — Précisément, l'assise moelleuse de la rumeur est déchirée d'agressions, de lapidations — et l'on voit la grêle de pierres s'abattre, précise et drue. Tout redevient proche et presque blessant de crudité. L'oreille cherche encore le sable, là où prévaut le silex. A l'espèce de langueur ou de luxe de tout à l'heure, a succédé l'animation de chantiers bruissants de bétonneuses. Une soudaine âpreté a saisi la mer que voici rigide, inflexible, à l'image des êtres dont on dit qu'ils vous passeraient sur le ventre. Descendante, elle semble n'être que progression, croissance, assaut. A sa chantante rumeur de naguère, une voix âcre et pres-

sante a fait place ; et le loisir s'est dissipé, le beau loisir qu'enfouissait à fleur de sable la queue de paon de l'exhalaison finale.

Dès lors, que reste-t-il du mot qui, pour un temps — mais n'était-ce pas une illusion ? parut contenir la vérité, l'évidence de l'espace marin ? Rompu comme trop étroite chrysalide, dispersé, rejeté. De quoi se sentir ramené au pied de la mer, — au pied du mur ! De quoi s'éprouver démuni, désarmé : tout serait donc toujours à recommencer, dans cette quête épuisante du langage... ☆

[HM 19 h 45] 16 heures — La mer monte, par grandes brassées qui lui échappent et roulent pêle-mêle au rivage. Une bête sans figure, une bête à la tête tranchée avance, environnée d'averses, sous un dôme de tonnerres. Ou bien est-ce une steppe d'alfa, d'un coup déracinée, que pousse un vent furieux ? Un continent à la dérive s'écrasant sur un autre continent ?

Monotone, le tumulte est toujours celui d'une eau s'arrachant aux paumes, aux doigts tendus de l'eau ; d'un flot qui se fraie une issue dans sa propre épaisseur. De là, peut-être, la vibration allègre — de l'air ? de l'eau ? — qui signale le débouché et salue la clarté. Ainsi assisterait-on à une interminable genèse, pleine de traverses, rageuse et désespérée d'être acte pur à jamais sans objet.

13 Août. [HM 9 h] 9 heures — Du haut de la falaise, tourné vers la haute mer, il crut retrouver le regard interrogateur des hommes, des femmes surtout qui, au long des âges, n'ont cessé de venir se poster à l'extrême avancée des terres pour guetter un retour. Ce pourrait être par un matin pareil à celui-ci, où rien ne subsiste sur ce visage reposé, débonnaire, de la tempête qui, la veille, fit s'acharner la mer contre soi et le reste du monde. Et voici qu'elle réapparaît, bénigne, benoîte, sans ombre de mémoire et, partant, de remords — grande tortue sur le dos agitant ses courtes pattes... Rassurante comme celui qui, ferme et fiable, sait nous communiquer sa certitude et la validité de son dessein. Au demeurant pleine de sollicitude — de ses mille oreilles qui s'avancent et s'ouvrent à l'écoute de la terre.

Pourtant, face au visage épanoui qui semble sans malignité, il y en a un autre, tout humain, qu'enveloppe une rumeur de bouillonnements et de cuisson entre de hautes parois — une rumeur de gouffre liquide —, un visage aminci d'angoisse, lui, et bientôt décharné par la meute du vide environnant. La douleur seule assurant sa cohésion.

De la tendresse lui vint pour ce visage envahi, dissipé par la mer au point de n'être plus qu'un horizon de silice, reposant sur des orbites. Mais qu'est-ce qui n'est pas silice, ici, hostile à l'herbe et à l'homme ? Et qu'attendre de Celle qui, l'interroge-t-on, toujours répond à côté ? En vain, par une matinée semblable, un regard de femme essaie-t-il, à force de ferveur, de faire surgir à l'horizon le gréement d'un chalutier — et quelle nouvelle incarnation ce serait alors pour celle qui guette, à en devoir contenir sa vie à deux mains... L'amour même s'achoppe à *cela* qui s'entretient à part soi de choses rêches — os de seiche et seigle et osier tressé —, d'une voix où ne passe jamais rien d'attentif à l'Autre. Qu'elle soit haute mer musculeuse ou basse mer à la secrète opulence, on ne sait quoi de maigre et d'aride se mêle à sa profusion, qui a valeur d'avertissement : toute silhouette humaine s'aventurant ici sera, dans l'instant, raturée par un cirque d'indifférence.

[BM 15 h] 15 h 30 — Il s'allongea sur le sable, se mêlant au foisonnement des horizontales, se conformant à l'universelle mise à plat : la frange bourgeonnante n'était plus que simple ligne de soudure entre plage et mer, et le ciel, là-bas, prolongeait les eaux plus qu'il ne les dominait.

Ainsi étendu, noyé de rumeur onctueuse dans ce qui figurait un berceau ou un navire aux flancs très évasés, il retrouvait un climat où l'enfance avait part, sans qu'il sût de quelle sorte était celle-ci. L'heure et le lieu ravivaient-ils les voies que tant de soliloques de petit garçon solitaire avaient inscrites en lui ? Ou le réel donnait-il corps à d'anciennes images mentales où l'Eden se résumait à un espace étiré auquel une mer, une brise indolentes imprimaient un lent balancement comme s'il n'eût été qu'un hamac pour l'être ?

Il se demanda d'où lui venaient le bonheur, la grâce qu'il devait d'emblée à sa soumission à l'horizontal. Peut-être éprouvait-il ainsi directement la stabilité d'un monde tout entier déposé, stable comme la dalle et l'alluvion. Le corps cessait d'humilier les lignes, de les fouler ainsi que litière : il s'y coulait, s'y faisait oublier. Il abdiquait ses pouvoirs pour découvrir que d'autres, étranges, lui étaient donnés : celui de rejoindre le gisement de l'enfance, celui encore de se disposer, d'adhérer à sa mort comme à une chose non pas horrible mais inscrite dans les traits paisibles du paysage, et leur prolongement obligé ; celui d'abandonner, au fil des lignes fuyantes, un pâle sourire de consentement.

14 Août. [HM 9 h 53] 10 h 30 — C'est une mer sous le vent, qu'il découvre, profondément labourée, entaillée ; sa literie dehors ainsi qu'au rebord des fenêtres de ferme quand vient Pâques. Toute sa literie éventrée, même, et l'on peut voir jusqu'à l'horizon des lambeaux de taies ou des plumes d'eider. Comme dévoilée en ses profondeurs minérales, soumise à une irisation au ralenti, la voici sous les nuages pareille à ces bibelots nommés sulfures. Derrière le parement déchiqueté de l'écume — toison de laine lourde de suint —, il n'est de nuance de bleu qui n'émerge, du bleu d'outremer ou de cobalt, jusqu'au noir de longs cyprès flottants qu'on dirait touché, comme en Provence, par l'arc électrique du jour. Il n'est non plus d'essence d'arbre qui ne soit représentée par sa teinte en chaque saison, du vert diaphane des premières feuilles à celui, mat et sévère, des mélèzes.

... Folle de son corps, bousculée, jetée en avant, oublieuse de sa respiration fondamentale, cyclique, la mer n'en finit pas de se vider à grand bruit de sa rumeur brûlante, sans que faiblisse jamais le souffle qui porte les airs à leur degré extrême de saturation. Nulle discordance en la rumeur, pas de clameurs inutiles, mais la puissance de la forêt fonçant à travers l'espace, avec quelque chose d'inexorable qui fait penser à certains communiqués de guerre : "L'invasion du pays a commencé ce matin à l'aube..." Une meute, encore, tenue en laisse, mais comme chaque chien tire sur l'attache, et qu'on sent, partout, les jarrets se tendre, l'avant-train de la bête se soulever ! Effrayante, inhumaine est la monotonie de la puissance, de la puissance sans parole, sans réplique. Et l'on ne sent nulle part mieux qu'ici l'inutilité du "Frappe, mais écoute..."

Cependant, sous la beauté de l'heure, le cocon filé par la rumeur autour du moi à la fin se déchire ; la torpeur s'achève, par laquelle les sens se défendaient de l'intensité — et l'on *voit.* On voit la mer proche à vous rouler sur les paupières, les tempes, la bouche, dans le désordre d'une lumière qui emprunte un peu de la leur aux choses neuves, nobles, aux choses pures de ce monde : l'arbre, et la neige, et la rosée, une couronne de lagon, une floraison d'aubépine, la toison du torrent... — et tout ce qui tire du jour une clarté de source et d'amande, et de page blanche sous la lampe.

Immaculé, au vrai, l'univers où vous entraînent la rumeur épaisse, le vent qui la précède ; et lucide et dur.

Une étendue de points de fuite.

16 heures — Quand il retrouva la mer, l'après-midi, à marée basse, elle avait la même ampleur de geste, une égale surabondance de fonte des neiges, la même voix grondeuse tenue sans défaillance à une hauteur où la respiration ne pouvait toujours pas prendre appui.

Cependant, si le soir n'atténuait pas cette vibration soutenue — d'effort ? d'indignation ? —, il paraissait l'isoler par une enceinte de silence où se révélait l'accord entre cette heure du jour et la voix qui parlait d'un ultime roulement de tonnerre, d'un arbre souverain aux prises avec la tempête, l'oreille attendant le ruissellement de l'averse sur les vitres. Ainsi le soir introduisait-il, dans la rumeur si éloignée de l'humain, une note presque intimiste. Cela restait rugueux et âpre, plein d'aspérités liquides, mais le silence environnant qui faisait de la mer une chose mieux délimitée, extérieure et quasi un objet, du moins lui était-il familier : il l'attendait de la demeure close, quand se prépare le bonheur un peu désenchanté de l'être que la fin du jour incline à se resserrer sur soi.

15 Août. [HM 11 h] 9 h 30 — Il marchait à sa rencontre et, déjà, elle était là, il vivait avec elle, non seulement à cause de l'image mentale qu'il en possédait, mais parce que la rumeur l'annonçait, restituant la saveur, la couleur de la chair dont elle était la vibration. Et la voix humaine est certes l'émanation la plus riche, la plus intelligible de l'être caché — au point que tels accents suffisent parfois à nous rendre le monde dont une femme aux intonations identiques était pour nous la pulpe. Mais, plus que quiconque, la mer était bien, à cette heure, en sa voix, en ce grand tutti d'orgue s'élevant en colonne pulvérulente. Et lui se tenait tout entier dans cette rumeur comme dans le plus vivant des souvenirs, le plus chargé de sucs et de nostalgies.

La mer était à la fois présence, souvenir et futur ; elle l'aspirait de toute la force de ce qu'il fallait bien appeler leur passé commun. Pour vifs que fussent ses pas, il devançait chacun d'eux de son impatience — à laquelle la rumeur semblait donner une forme sensible, lancinante. Il avait la mauvaise conscience de celui qui ne s'est pas trouvé au commencement, tout comme il n'aimait pas arriver en retard au spectacle par une sorte de superstition de l'intégral et parce qu'il faut alors de longues minutes d'accommodation, pendant lesquelles les répliques, les images, ne sont encore d'aucune oeuvre. — Comme s'il y avait ici un commencement à ce qui est espace et durée fermés sur soi !...

Entravé par ses membres et la distance à franchir, son impatience venait du conflit que la rumeur introduisait en lui : il était *déjà* au rendez-vous et pourtant il devait compter avec un corps à peine à la traîne, un sol que cette voix faisait paraître amas de temps mort et de cendre. La marche en prenait un caractère machinal ; elle ne cessait d'anticiper la rencontre — avec l'étonnement assuré, le fugace rassasiement qu'il aurait, la dernière dune franchie. Aussi, se sentait-il véritablement mû. Ses pas s'enchaînaient sans qu'il pût rompre leur nécessité. Il allait selon sa ligne de plus grande pente ; il allait comme d'instinct la bête assoiffée descend à la rive. A la rencontre d'un visage dont il savait par la rumeur qu'inépuisable, irréductible, il était la soif même.

Parfois, l'envie lui venait de se rebeller, tenté qu'il

était de se dire : “C’est trop bête à la fin que cette hypnose, cette sujétion, où me voici jeté !...” Pourtant, jamais la pensée de résister, de rester au logis, d’infléchir sa marche vers la forêt, ne lui serait venue : il détestait de faire attendre, et ne pas répondre à l’appel confus qu’il percevait si bien, c’eût été se dérober à l’engagement tacite de la retrouver chaque fois que possible.

Quand il se sentait ainsi à portée de voix de la mer — le monde alors, tout entier, lui partant d’elle, invisible et pressante, absente et présente, — rien n’aurait pu l’empêcher de rallier le rivage, en se prenant à courir parfois de peur de manquer une phase capitale de l’événement ou bien le clou de la fête. Il n’espérait pas trouver le repos devant elle ; du moins ne pouvait-on aller plus loin, quitte à se sentir décontenancé d’être face à l’objet du désir et de n’en éprouver aucun bonheur ; d’en être si proche et à jamais séparé ; si indigne surtout, quand on pensait disposer des mots inouïs que l’absence n’avait pu manquer de tirer des limbes du langage, en vue de l’éloge.

Comme s’il ne savait pas qu’il n’y aurait jamais de sa part de dernier mot qui eût clos le débat et son tourment, et qu'un présent si débordant, hors de nos prises, nous condamne à vivre doucement hagard, sur le mode du souvenir, alors même que nous sommes là ! Que c'est précisément la marque de la passion authentique d'exaspérer, d'envenimer l'instant, qu'il soit de présence ou d'absence, et de consumer l'être de tout ce qui n'est pas encore.

16 – 17 Août. — Il enviait l'insouciance des baigneurs tout l'après-midi allongés sur le sable dans une somnolence pourpre, tour à tour submergés de grasse rumeur et rendus au jour. Telle était d'ailleurs la régularité des vagues, qu'elle équivalait à une constante immersion dans le bonheur d'être apposé à la terre, de s'y engager à demi, de participer de sa vie mesurée. Le "sommeil" n'étant jamais plus heureux que par marée basse, quand la mer à distance paraît n'exister que pour épargner de justesse au gisant un complet enlisement, comme barque renflouée au moment précis où elle allait s'enfoncer.

L'alternance. L'être est à la fois repliement sur

soi, sur son centre précieux, foyer de la fascination qui le mobilise, et puis dépliement, — le corps pareil à la figue ouverte étalant le sable de ses graines. Et c'est encore l'alternance d'un sommeil enveloppé, traversé d'ombres, qui tour à tour se repaît de soi et donne sur le large. Un sommeil à confins de golfe.

Paupières mi-closes, le regard est sans force pour appréhender le réel ; il se laisse caresser par le mouvement des lignes et des couleurs qui se substituent les unes aux autres. Il n'assiste à la vie abstraite qui se poursuit là-bas qu'autant qu'elle fournit à la torpeur un aliment.

Bouger un doigt serait alerter, mettre en branle une conscience que chaque pulsation de la rumeur à peine soulève, épanouit, ainsi qu'une méduse affaissée au bord du flot. Aussi le "dormeur" n'est-il qu'indifférence envers les sensations, les sentiments qui ne concourent pas à le maintenir captif heureux de la lumière et du site. Non pas le dur, mais le languide *désir de durer*, le seul qui subsiste ici — et l'on entend par instant grésiller la boulette d'opium, ô soupir d'aise immobilisé dans son amplitude extrême et tenu en suspens jusqu'à une satiété toute proche et jamais atteinte !

Une démission de l'être que cette lente dérive respective d'un oeil mi-clos et d'une nuit voletante de brise courte ? Ou bien la soumission naturelle à un lieu, un ordre, un climat ? Ici, le paysage a la simplicité et la force d'une esquisse de maître. Il procède du même absolu que les déserts ; il est non moins qu'eux formé pour accueillir le *torride,* ce que la rumeur est en effet pour l'oreille et la peau. Et le sommeil qu'il engendre, vaste et mouvant, est sans mélange. Ainsi devait-on, dans le Jardin d'avant la faute, entendre circuler les sèves comme sang pesant et seul savoir.

Pour celui qui gît entre un stable soleil et l'immatérielle prairie que la brise prend en charge, rien encore n'a été nommé, à moins que les mots, les images ne traversent l'espace par bribes sans que l'oeil sache les assembler, voire les reconnaître.

L'histoire, ici, ne saurait prendre pied : le présent de cette rumeur qui sans fin s'enroule et se referme sur elle-même est trop vaste, éloquent, pour laisser de chances à la mémoire. Aussi, l'être de sang, de sucre et d'ombre s'y plaît-il. Où leur maturation, leur consommation mêlées trouveraient-elles circonstances plus favorables ? Où, lui-même, verrait-il mieux comblée son aspiration moins à vivre qu'à être continûment pourvu — de vie liquoreuse ?

19 Août. — ... Mais il ne s'abandonnait jamais quelque temps à ce sommeil vibrant d'ailes, à la torpeur si bien enracinée dans le sable, sans connaître bientôt le malaise de celui qui découvre en lui un hôte silencieux et attentif. Un hôte ? Ou bien plutôt un dard planté là par la beauté qui sans fin devant lui se suicidait ? (Cette image de l'abeille qui ne survit pas à sa piqure...) Mais comment sauver ce qui vous consume dans l'instant même où cela s'anéantit ? Il avait l'impression d'un fait capital pour lequel, à s'y trouver mêlé, il ne pouvait faire office de témoin. Et qu'est-ce donc qui s'enfuyait, dont il ne percevait que l'écho affaibli, altéré ?... Il se sentait partagé entre le consentement à cette pente intérieure, qui, en chacun, ne cesse de tendre à l'horizontale comme pour rejoindre l'assise où se tiennent les coulées d'ombre, les estuaires, les couches des hommes... — et puis le désir au plus vif, au plus délicat du jour et de l'être, de demeurer soi, maître lucide, intégral de soi ; de garder les yeux ouverts à même la flamme ou le feuillage profus. Ce qui n'était que désir d'être présent au monde, seul et dérisoire, pour attester le privilège de vivre.

Mort en sursis — et jamais plus flagrant que dans cette lumière de haute et basse volerie —, englouti dans sa distraction, il y avait en lui, ainsi qu'une lueur, la résolution de poursuivre sa veille, de guetter envers et contre tout, au-dessus de ce moi qui appelait les mots de "brûlant désastre". La difficulté, l'impossibilité étant de vivre, ce qui revenait ici à rôder aux lisières du néant, et en même temps de surprendre, d'élucider sa vie, avant de devoir réintégrer ses contours et le temps épars, fade et sans consistance des hommes.

Comment consentir à ressembler aux gisants qui n'auront rien vu du jour immense qui se composa et se défit en eux — son lieu d'asile ! —, rien écouté du bruit d'étrave que fait la vie chassée en des tempes ? Et comment, dès lors, n'être pas tenté par la tâche aussi vaine qu'instante, de s'ériger en conscience et parole et désir de la mer à chaque minute de sa vie ; de tout ce qui d'elle et de l'instant qu'elle dilatait démesurément ne se résignait pas à mourir ?

20 Août. [HM 15 h 35] 14 h 30 — C'était un de ces jours qui, pour fréquents qu'ils fussent en ces parages, surprennent toujours, dès qu'on repousse les volets de la chambre. Nulle disparate mais la coupole du ciel, dense et qui semble fragile tant les contours sont ciselés. Et puis lente, à mi-voix, comme attardée, une mer plus compacte encore. Limpide à l'extrême, le monde est, devant les pas, d'une profondeur insolite et les desseins que l'on forme en reçoivent une précision, une amplitude inaccoutumées.

D'où lui venait alors l'angoisse qu'il ressentait devant un jour aussi pur ? Peut-être était-ce de devoir vivre au sein de l'absolu, où l'homme n'a pas de place ; dans une perfection patente et sans borne qui établit toujours un air raréfié... Les yeux, l'esprit chercheraient en vain quoi modifier ou ajouter à un jour d'où la paille du temps, même, paraît absente, débarrassé qu'il est de ses oripeaux de nuages et de feuillages, de champs et de maisons ; et il suffit bien assez du sable pour y témoigner de la terre et des rares oiseaux égarés pour nous faire souvenir des toits. Une contrée de beauté abstraite s'étend, où il faut s'établir et vivre. Où, de quelques éléments non miscibles, naît — brise et rumeur confondues — la nourriture idéale des yeux, de la peau, de l'âme. Telle une manne... Tout le jour est déjà là ; il occupe l'être en même temps qu'il lui échappe, se refusant comme objet aussi inaccessible que cet autre : la haute mer quand elle reçoit sur ses tablettes, au Midi, le message cunéiforme de la lumière. Le jour est là et notre saisissement, notre silence intimidé, notre exaltation nous en avertissent, gorge étreinte de gratitude : il s'agit bien d'une oeuvre d'art.

L'angoisse, oui, et ses fines dents de martre, tant cette perfection débordait l'étroite faculté de préhension de l'homme. Trop vaste pour sa voix, son souffle — et le coeur en défaillait un peu —, un tel jour ne trouvait pas en l'être assez de silence, du moins de cette espèce si confiante, si concentrée que tout un arbre en procède.

Mais l'angoisse encore et surtout de *cela* qui se fait un masque de toute beauté. La mort. Non celle de l'oeuvre — et la ténuité d'immense bulle de savon de ce jour ne devait pas alarmer : demain ou plus tard, le bleu céleste serait de nouveau repoussé aux confins et conduit à son point extrême de tension. Mais il n'était pas besoin de clairvoyance pour discerner, derrière l'image pilonnée du soleil sur la mer, au fond de la pupille béante du ciel, comme un guetteur se détachant à demi de l'arbre ou du coin de rue qui le dissimulait, le double silencieux qui nous observe, un doigt posé sur son sourire ; qui nous ressemble à s'y méprendre quand il bondit en face de nous à fleur de miroir. L'hôte infiniment patient, qui mime étroitement tous nos gestes de vivant, dans l'attente de l'inadvertance, du faux pas. Et c'est l'angoisse de se découvrir tantôt suivi, épié, tantôt habité par une ombre.

Engagé dans la suite des jours, requis par ses activités, ses projets, muré le plus souvent dans l'enceinte de terres très anciennes — arables —, la mort n'était pour lui sensible que dans le vieillissement des visages.

Ou bien elle constituait à dose infinitésimale l'essence de la laideur, de la vulgarité, de la monotonie — du plaisir encore. De toute manière, elle représentait une échéance lointaine, presque problématique et, selon la formule : “ce qui n'advient qu'aux autres”. Mais ici, toutes attaches rompues, livré à un espace qui le circonvenait, le déposait, tout en se faisant miel et soupir, il se découvrait atteint du mal incurable d'être homme. Ce n'était guère qu'une ombre tenace, irréductible comme la tache de sang dans le conte de la Barbe-Bleue ; une ombre grise en filigrane dans l'enclos lumineux — pour dame à la licorne ! —, un resserrement infime dans la dilatation, la muette jubilation des sens... Ainsi qu'on aurait pu discerner dans l'aurore le gris froid de la plage au soir, les teintes de tourterelle des dernières vagues visibles, non moins que l'ombelle du soleil de midi sur les eaux, c'était dans l'éclat d'un jour où l'on eût en vain cherché trace d'une fumée ou d'une cendre, que la mort — la sienne — lui apparaissait distinctement et qu'il eût été le plus tenté de se retourner d'un coup pour surprendre et confondre le suiveur.

21 Août. [BM 10 h] 9 h 30 — Nette et soignée, la mer offrait son visage le plus humble. Apaisé comme en certaines morts heureuses. Avait-elle connu des désordres ? On y discernait l'espèce particulière de paix qui succède à l'orage, où il entre un peu d'étonnement d'être toujours là, quand une telle violence fut faite aux airs.

Il y reconnaissait la totalité des matins, à commencer par celui de la terre : Oui, c'est bien là l'ébranlement des arbres s'arrachant à la stupeur de l'aube, les chaumes emperlés de rosée, le loisir précaire des hommes — et cette main qui étire et lisse le bandeau d'une chevelure... ☆

Il aurait voulu saisir le passage de l'espace *creux* d'alors, — quand la brise a longé des parois de grotte, humé un coquillage qu'on vient d'ouvrir —, en celui, comble, de midi. Et c'était vouloir assister à une insensible maturation. Plus encore : à la transmutation de l'étain ou du cobalt en ce vif argent de l'heure méridienne. A l'évolution d'une plénitude vers un accomplissement d'autre sorte.

De vrai, il n'y avait rien là, déjà, qui ne fût de nature à ravir le regard. Plage, et mer, et ciel s'éployaient, chacun unissant, équilibrant les deux autres et les pourvoyant d'harmoniques. Le silence que ne menaçait pas même, sur la ligne de sape, un éboulement intermittent de gravier, le silence étendait sur toute couleur un glacis.

Mais voici que ce monde se ferme et *s'aggrave,* qui demeurait ouvert — à ciel ouvert — par la grâce de la fraîcheur errante. Qui veut-on y opprimer, de façon insidieuse ? Et quelle vigilance tromper ? Par degré, une pesanteur envahit l'air, le fixe au plus bas par un large, un brûlant pédoncule. Il vibre encore quand un lambeau de brise le parcourt, mais comme un ballon captif développe dans le vent de courtes ondes d'anxiété.

Midi. — Le cheminement de la lumière, l'invincible échauffement de l'air, — et l'azur, dont la couleur même est fraîcheur, s'en ternit un peu. Il n'y a plus, en l'univers, qu'une dentelle d'eau claire qui s'abat dans le silence, et l'imperceptible suffocation d'une mer qui se veut close : à peine le craquement de l'eau s'est-il produit, que l'écume s'épand et comble la fissure. Et le monde n'est plus qu'un oeil sur lequel s'abaisserait la paupière.

Allongé sur le dos, la face tournée vers le soleil, il ferma les yeux comme pour s'en convaincre. Le corps retrouva dans l'instant sa nature de limon et se mêla au sable ; tout ce qui restait de vie se réfugia dans les prunelles — belles groseilles aux nuances d'hématite, parcourues de capillaires...

Il rouvrit les yeux. Sous le ciel, l'espace dilaté de midi ; la solitude et le désarroi de midi. Au plus bas d'un monde pareil à la fleur de pavot, un homme — à qui il suffisait de fermer les paupières pour n'être plus que réduit constellé de grains noirs, écarlates, incandescents ; qu'épanchement lent, hémorragie en nappe. Un homme ou plutôt sa nuit telle que la fascinante pointe du plaisir la lui découvre.

Nager... Mêler ses muscles aux muscles de la mer, les sentir s'y perdre jusqu'à n'être qu'une fibre parmi les fibres, traversé de la même énergie, soumis à la même impulsion, creusé par les grandes vagues striées, soulevé — soudain comblé de puissance et, pour un instant, doué du pouvoir d'échapper à la pesanteur, à la motricité, à soi-même, et d'avancer sans mouvement, en état de lévitation. Pour enfin reparaître et renaître, soi, parmi l'énergie qui se détend, s'épanouit, dans une floraison qui est de la nature du sourire.

21 Août. [BM 22 h 15] 23 heures — On n'atteignait pas encore à la confusion du chaos initial, mais la plage et la mer n'étaient plus que deux bancs de brume épaisse, traînant à terre. Où bien étaient-ce deux façons de labours ? Au bord du flot aux teintes de cinéraire, que soulignait un renflement d'ombre, le profil d'une banquise surgissait par intervalle, s'étirait, se fragmentait, puis se résorbait dans la masse confuse. Telle une aube qui eût tenté de se lever parmi la cendre.

Au loin, un phare poursuivait sa vie à éclipses. Comme appelée d'une extrémité de l'horizon, la lumière semblait accourir vers lui, s'enfler soudain à sa hauteur, puis, ayant jeté en un sursaut le bref éclat d'un corps en combustion plongé dans l'oxygène, elle achevait en lueur sa route rectiligne.

Du moins la nuit n'avait-elle pas altéré la rumeur. A présent que rien ne venait plus l'en distraire, elle lui parut seulement plus proche, métallique, presque ciselée ; mais sans doute fallait-il y voir l'effet de la fraîcheur de l'air, de l'éclipse des sensations visuelles, ainsi qu'on ferme les yeux pour mieux entendre... ☆

Minuit. — La rumeur réduite à elle-même, sans qu'interfèrent comme au grand jour des modalités de couleur, de saveur, tout se passait au-dedans d'un gris sombre et froid. Et l'espace en retirait une expansion nouvelle comme si la rumeur, en se prolongeant d'un écho, repoussait ses limites.

Il était bien, pensa-t-il, qu'on ne pût suivre la vie de la mer qu'à travers la rumeur puisque celle-ci était plus que le souffle de l'étendue : son haleine, son essence, — bruine et brouillard de songe. Il avait si souvent, de l'oreille autant que de l'oeil, scruté la mer, qu'il identifiait dans l'ombre les phases de son cheminement. Malgré la salve du phare et les canonnades d'une nuit de guerre, il reconnut le *feuillage,* le vent émietté du reflux — l'obscurité fournissant à maintes images une validité accrue et quasi une réalité, au point qu'on entendait parfois... vraiment un train de nuit engagé dans une ample courbe.

... Et puis il y avait le ciel qui, à cause de l'effacement de la terre et de la mer, de l'imprécision de l'horizon, semblait plus vaste encore qu'au grand jour. Ouvert comme deux mains jointes à peine creusées, un ciel d'un gris bleu, une dilution d'astres un peu plus dense dans l'oblique Voie lactée. Et, dans ce ciel translucide, les étoiles, éparses ou en grappes plus ou moins fournies, aérées...

Bien délimitée et presque sans mystère hormis dans les sous-bois marins, la nuit d'été avait ici une netteté, une sécheresse inattendues. En tout cas, celle de la terre lui parut plus secrète et complexe, plus redou- table, du moins tant que la mer ne pousse pas pêle-mêle ses forêts dans le brasier de la tempête.

22 Août. — ... Il la regardait, étendue sur le sable, membres défaits, ductiles. A faible distance, cela pouvait n'être déjà qu'une faible éminence de sable un peu plus doré, dense et fin. De loin, une épave rejetée par la mer — branchage ou tas de varech. Ne savait-il donc pas jusqu'ici la disproportion flagrante entre l'homme et la mer ? Oui, c'était là sa propre mesure et il s'en avisait avec le malaise qu'on éprouve quand un incident, un jugement vous révèlent votre vérité, — que vous ne sauriez dès lors ignorer.

Mais devant cette chose menue, comment, de plus, ne pas tenir pour absurde, d'enclore en de si étroites limites l'amour qu'on dédie à un être ? Les maisons, les parcs, la campagne nous masquent cette étrangeté ; mais ici, que pesait un corps échoué, fût-il de jeune femme, dissous par la rumeur, récuré par une étendue peuplée de piranhas diaphanes en migration ?

...Cependant, s'étant redressée face à la mer, — sa chevelure, qu'elle relevait, à hauteur de l'écume naissante, sur le front déchiré de la vague —, elle opposait à la rugosité de l’élément des membres affinés par les millénaires. Si elle ne domptait pas la vague rude et revêche, comme les bêtes se laissant charmer par Orphée, du moins introduisait-elle dans le jour brutal de la mer une clarté chaleureuse, des reflets mordorés, — et l’on invoquait l’antique fournil à l’heure du défournement des pains façonnés à clair. Elle surimposait à l'agitation désordonnée de la vague un ordre d’espalier, un jeu qui tour à tour ou simultanément la rassemblait, l’épanouissait, la faisait fructifier comme si elle eût été douée, à l’instar de Çiva, de bras multipliés.

[HM 16 h 45] 14 h 45 — Marée montante sous le soleil d’un début d’après-midi. La fulguration monotone, continue, de la lumière, le tonnerre des avalanches, l’effort indéfiniment relayé... rien qu’il ne connût de ce spectacle simple et fastueux où l’on fait levier pour ébranler notre socle ; où l’on nous somme, comme dans la tragédie antique, de comparaître devant des dieux sardoniques. Et mieux vaut alors pouvoir fournir la preuve qu’on n’est pas trop variable ou léger.

Pourtant, c'était là une *oeuvre* qu'il n'avait jamais vue encore, qu'il aurait donc voulu aborder avec d'autres mots que ceux de soulèvement, et de tumulte, et de délire... Tant de lumière levant comme pâte et crevant dans une mêlée furieuse de cygnes — une mêlée de griffes et d'aigrettes —; tant de lumière échappant à toute étreinte, car elle est ce qu'on ne saurait recouvrir, enterrer, et qui surnage en voiles minuscules sur la crête des vagues, en larges nymphéas sur le rivage, en poudre éclatante jetée en adieu par les conques vertes qui s'effondrent...☆

L'amertume grandissait en lui à se trouver sans mots qui vaillent quand une mer explose de joie, de vigueur, d'arrogance, comme on explose de rire. "C'est trop longtemps s'être retenue ! Que je me détende, me débonde enfin par mille torrents lâchés ensemble et qui donnent de la tête et s'écrasent au rivage... Que je puisse enfin plier à mon gré le verre vitreux, bulleux, si docile... Et je l'enroule, comme autour d'un doigt une mèche de cheveux, et je le laisse se rompre, se mêler, se débattre, sachant bien qu'il se fera plane et suave caresse du rivage... Je ne puis faire que tant d'eaux ensemble ne s'ébattent, ne s'emportent et ne se ruent, comme on ne peut empêcher l'arbre d'étirer ses membres. Et qu'on n'y voie ni impulsivité ni démence : je sais où me conduit tant de fougue ou d'apparente fureur, et que, la gourme jetée, je serai cette chose ronde, en supination, qu'on n'imagine pas plus vaste et pleine. Avide ! Et mes eaux, d'une langue prompte, raflent sur le rivage jusqu'à mes propres décombres, jusqu'à mes gravats réengloutis. Mais prodigue aussi... et il y a d'abord cette permanence, cette stabilité de la lumière parmi les volte-face, les bourrades, les échauffourées... Je donne la lumière comme l'arbre ses fruits — on l'entend rouler parmi les herbes sur les pentes ! (Et quelle amande, le tégument ôté, a plus d'éclat satiné ?) Je donne la lumière et jusqu'à son envers gris : cette odeur d'écailles et de branchies et de vessies natatoires. Le sel. Le sel en sa tiède intimité. Le sel qui, si avant, incise les faims..." ☆

Une fois de plus, par cette étrange disposition d'esprit de celui qui n'a de cesse de prêter sa voix à ce qui est muet ou indistinct, il s'était laissé circonvenir, il avait omis de *voir* et de sentir, les sens occultés par la surabondance, la magnificence du réel. Il regarda. Le réel, c'était ce rivage où se poursuivait une interminable course de chars, la poudre piétinée volant sous le galop des attelages ; c'était ce grand T inversé, cette perpendiculaire où l'on suit, imposée par le soleil déclinant à la forêt d'eau sombre, l'immolation par le feu du plus grand arbre. C'était surtout, avec sa profusion, la diversité d'une lumière qui allait de sa culmination de métal en fusion à la clarté volatile des nappes d'écume (et les embruns mêmes étaient lumineux) en passant par les grands buissons de sel mat par lesquels se faisait la métamorphose.

23 Août. [BM 11 h] 10 heures — Marée descendante : un vaste et profond fourré qu'on aère, discipline et qui déjà porte en lui un parc, un jardin latents ; une nappe de glaises vertes et bleues à la recherche de sa forme dont il importe peu qu'elle l'atteigne jamais... Avec sa lenteur majestueuse, la mer donne l'image d'une production exemplaire qui n'a cure d'échéance et se nourrit d'abord de temps. Qui, pour inachevée qu'elle soit, offre à la création un répertoire inépuisable de formes et d'Idées. Celles, entre mille, du matin et du crépuscule, de la falaise — de micaschiste ! — et du toit de lauzes, de la fougère et de l'effraie en vol ; celle de tous levains encore, de celui qui naît d'une *fontaine* de farine au principe obscur qui règle nos tumescences. ☆

La marée qui a touché terre là-bas, sur une rive virtuelle, se relève et bien que rien n'ait changé dans l'étagement de son front, la disposition qu'elle offre au regard, on sent qu'elle revient sur ses pas, comme furieuse d'avoir été prise à revers ou victime d'une diversion. Elle revient, précédée de son bruissement de fibres liquides où filtre la fraîcheur de ces sources sur lesquelles, à se pencher, le visage se resserre, — se résume. Voici que se déverse un matin restauré, un matin d'outre-mer, sur le sable brûlant qui l'absorbe aussitôt ; voici que dans l'espace quelque chose germe, se déplie, devient envahissement de lianes... Et l'âme se rassemble une fois encore autour de l'arbre creux que le sel éclaire en nous.

[HM 17 h 20] 16 h 20 — Marée montante. La mer se donne avec une violence moelleuse et jette d'un coup sa mise sur la table. Alors, sur la plage subjuguée, il n'y a plus qu'un être qu'on déracine par torsion dans la volte d'un champ de neige. Ou bien vacille-t-il sous la cognée qui vient de s'abattre et vibre encore dans l'entaille ? Tout, à cette heure, ébranle l'être et le suffoque et le rejette, et néanmoins l'exalte, l'éperonne et l'engage à souhaiter davantage. Ah, que les vagues se fassent plus épaisses et plus hautes et plus tonnantes ; l'écume plus véloce en ses flèches et plus crémeuse en ses caresses... Et parfois la mer semble se prendre au jeu et, sur deux étages de vagues qui se roulent comme jeunes animaux dans l'herbe drue jusqu'à s'y perdre, voilà qu'elle hisse une vague plus puissante encore qui s'écrase sur les premières et les recouvre — si bien qu'il n'y a plus enfin que des assises d'eaux basculées qui s'abandonnent à leur poids, et là-bas la mer qui à nouveau se hausse au-dessus de soi, et s'abat et se vautre en ses viscères dans une copulation sans nombre. ☆

Passé le paroxysme, elle n'en continue pas moins, tout en cédant pas à pas, d'ensemencer le visible, et le rivage est tel une plaine d'hiver qu'un vent furieux brouillerait de neige poudreuse. Vagues, encore et encore, qui longuement se tiennent en réserve, s'accroissent comme une ligne d'andains qu'on roulerait sur la prairie fauchée de frais, — et les voici qui entraînent sur leur tambour les lichens, les scories des vagues anciennes... Mais tout, dès lors, va très vite : à peine voit-on l'ombre, le profil d'un submersible qui ferait surface, que tout de suite quelque chose se trouve entraîné, soulevé, qui dans l'instant perd l'équilibre et s'abat en un rideau de pluie. S'abat et rejaillit en une bousculade de courtes flammes acérées, aux mèches éclatantes, fortifiées par une ombre de neige à contre-jour. ☆ Et sans cesse y a-t-il ainsi, à la fois, l'approche silencieuse et l'explosion et le vertige et le suicide ; la ligne des collines presque effacées au lointain et la puissance tectonique du premier plan. Se mêlant, se recouvrant, l'ébrouement, la déflagration, le silence qui s'ouvre dans la multitude réticulée de l'écume, le chantonnement tendu, légèrement oscillant, de grand rapide... Et l'être, pris dans l'enchevêtrement des formes et des bruits, sent que c'est lui que la mer assaille et pille, en lui qu'elle jette et répand, et que c'est lui enfin qu'elle roule et piétine jusqu'à l'ensevelissement.

24 Août. [HM 5 h 35] 1 h 30 — La nuit d'été, c'est d'abord l'immobilité des arbres, des pins — échassiers dormant sur une patte —, confus, charbonneux sur le ciel pâle. Non pas arbres mais esquisses d'arbres au fusain noir, analogues aux empreintes fossiles, à cela près qu'il s'agit ici d'un anthracite bleu gris moucheté d'étoiles. Le noir de la nuit stagne, lui, au pied des pins, et les grillons y forent avec application, humilité, des galeries dorées. Ainsi des segments tressautants d'une lumière de froment patiemment tréfilée balancent-ils la clarté abstraite des astres. Et rassurante aussi est la note régulière de la grenouille : dans la nuit hirsute, hasardeuse, l'homme a sa demeure. Paisible. En témoigne cette goutte qui s'amasse en silence et tombe — dans la cuvette d'eau de l'évier.

Surtout, entre les arbres qui ne sont plus que de hauts nids de chenilles processionnaires, il y a la rumeur de la marée montante comme un vent vaste et indécis, à demi dormant, et qui est là et n'est pas là, et semble effleurer la voûte. Immense ; et qui fait paraître dérisoire, attendrissant aussi, l'aboiement d'un chien inquiet. Les arbres dorment, et les hommes, mais la nuit, ici, voyage au dedans d'elle-même. ☆

Longtemps, une douceur égale est venue de l'ouest, comme lumière gris-perle. Puis, alors que les cimes des arbres paraissent régies par une fixité d'ordre cosmique, la rumeur s'est faite plus pressante, heurtée ; de lourdes flammes y fusent, des rochers y roulent. Voici l'effort et l'arrachement à soi ; voici proche le moment de l'eau... Si la nuit est claire, elle le doit moins sans doute au firmament qu'à l'éclat diffus de cette rumeur ; au fait, encore, qu'une chose *une,* simple, l'occupe, devant laquelle ses mystères s'effacent... Des grillons s'acharnent à creuser dans la cendre noire ; un chien, qui entend à l'horizon un passage de troupes, conjure la menace, d'un aboiement en porte-à-faux. Mais la nuit déjà ne peut plus se laisser aller à ses trames : l'espace est partout en alerte ; dans la rigidité de ses constellations où la Petite Ourse introduit le filigrane d'un cerf-volant, le ciel entier se tourne vers la rumeur. ☆

Les proches grillons se sont tus, peut-être victimes d'un éboulement. Un autre, lointain, lassé, persiste seul, en sourdine — et le calme soudain qui se fait autour de lui, autour des sauterelles qui donnent un un ballet d'élytres, est comme une pause dans le voyage de la nuit. La rumeur s'est-elle affaissée, retirée ? A entendre ce bruit d'eaux fouaillées et déversées là-bas, une moitié de la nuit peut se croire en marge des troubles, mais celui qui sait l'imagine bien plutôt suspendue à l'imminence de l'événement, de l'invasion.

Le sol s'affirme sous le regard. Le cerf-volant d'étoiles a pris le large ou se dissimule derrière les nuages ouatés. Un lointain cri de coq a valeur de soupir de soulagement, et tout de suite d'autres lui succèdent qui marquent l'accord des esprits et que la cause est entendue. Quelque chose se trouve dénoué, achevé, et l'on se surprend à interroger le ciel, à espérer d'y voir poindre le jour. L'espoir serait-il revenu ? Les grillons ont repris courage et chantent de concert ; de maigres bouquets d'étoiles se reforment dans les déchirures des nuages ; un oiseau, de son cri bref, essaie l'espace. Et c'est à nouveau le calme que les lambeaux de rumeur soulignent plus qu'ils ne l'altèrent. ☆

Le brouillard voile le ciel comme pour un changement de décor, rideau baissé. C'est la paix humide du matin, — et de nouveau le chant d'un coq s'élève, répété afin que nul n'en ignore ; de nouveau des grillons chantent par lentes roulades étalées, alignées côte à côte, et l'on sent qu'ils ne s'arrêteront plus, qu'ils voient déjà se confondre leur souvenir de la lumière avec ce qu'ils pressentent et annoncent : la terre dure et sèche, le jour brûlant. Un frémissement de cris d'oiseaux traverse l'espace blanchissant que gardent encore, en fantomatiques don Quichottes, les pins chargés de nuit. Tout se passe comme si la rumeur, en revanche, s'était déjà pénétrée de jour : voici, en marche et toute proche, l'eau ruisselante, de même qu'on suivrait, de l'oreille, l'avancée d'une averse par les feuillages et les toits ; voici les galets hersés par la frange rétractile...

Ainsi les sens, l'esprit balancent-ils entre la solitude figée de l'aube, son silence — si bref, le cri de cet oiseau, que l'oreille doute de l'avoir entendu —, et la rumeur de plus en plus acharnée et par instants dévastatrice. (Alors un galop retentit, se précipite, s'effondre en lui-même, et le tonnerre se déchire sur une arête.)

La brise a-t-elle tourné ? La rumeur est présente en ses moindres inflexions, en son âpreté, en sa hargne. Insolite comme l'est, à présent, le cri d'une hulotte sur l'incarnat des chants de coqs... Le ciel, où traîne un limon violet, blanchit et bleuit ; les fleurs se ressaisissent de leur forme en attendant de vivre en leurs couleurs ; l'herbe lentement résorbe l'ombre... ☆

Les grillons se sont tus comme pour rendre plus solennel ce moment où le jour va de nouveau nommer toute chose : le banc du jardin et le parasol, le toit voisin, le laurier rose, le jouet abandonné, l'oiseau en vol... Et tout recouvre évidence et légitimité de retrouver sa place. Une lueur sourde, *interne,* gagne le ciel. Les aiguilles de pins se désassemblent, redeviennent antennes et cils, et l'ombre qui s'attardait en est cardée. C'est un matin froid, au silence crispé, un matin de terre, malgré la rumeur qui rôde à toutes portes. Les oiseaux distraient le silence de lui-même, retendent l'espace entre les arbres. Peu à peu, le bourdonnement de la lumière va reléguer la rumeur en des lointains de taillis, de buissons bas, et il faudra la nuit prochaine ou le long vent d'ouest pour que l'espace soit de nouveau arraché à la terre, annexé... Maintenant, dans une clarté qui est d'abord universelle surprise d'être, tous les verts se disposent ; le monde est en ordre.

[HM 18 h] 15 heures — Devant la marée montante, il pensa à ces après-midi de la terre, statiques, en lesquels tant de traits de la vie provinciale se résument... Après-midi qui se corrompent sur place, après-midi polis, de venin distillé, après-midi bornés par les murs d'un jardin — d'un courtil — ou les grilles du square, et c'est toujours le même monde précautionneux et terne, et gourd.

Mais ici !... Tout de suite, c'était la promesse d'un après-midi grand ouvert, balayés les souvenirs et les rites, les ombres qui s'avancent par les allées, et le rosier "qu'il aurait fallu voir en pleine floraison..." Voici le jardin, certes, mais bouleversé, mais pêle-mêle, dans l'odeur de ses racines à nu ; le jardin qui s'est fait rose unique, et chèvrefeuille, et lierre qui voudrait s'agripper au rivage. Ici, la vie se prodigue sans frein et la mort — à jamais soufflée — ne se silhouette pas sur le soleil des allées. Ni murs ni plates-bandes, mais la lumière pure de support ou qui s'en échappe, plane ou volette et se sublime ; et puis le plus beau vent qui soit, qui s'empare tête baissée d'un arbre — d'un nuage ? — toujours renaissant, et le force et le dépenaille avant d'aller se perdre parmi des haies et des roseaux. Un vent qui n'est pas *vrai* tant il dit le beau temps d'époques révolues ; un vent comme effusion et remous de songe. ☆

Non, le mot *après-midi,* bien trop chargé de démissions, ne convenait pas à cette heure, à ce qu'elle dispensait : une saison illimitée d'herbages, de neiges, de lumière, en laquelle il entrait de plain-pied, qui pénétrait en lui à corps ouvert.

Il ne fallait plus, un goût de fruits blets dans la bouche, user un temps fané à mesure. Et comment l'eût-on fait, quand chaque instant, ici, amorçait, déclenchait, inaugurait ? Il lui sembla que pour la première fois l'après-midi s'établissait en lui, vivait de lui ; et qu'il n'avait pas encore éprouvé à ce point, du moins un tantôt, cette sensation de stable profondeur des airs et du temps affluants, cette avidité envers les heures à venir, porteuses d'il ne savait quel bonheur — assuré. ☆

Quand les nappes atteignaient ses pieds, il se reculait, d'ordinaire. Pourquoi eut-il envie d'édifier dans le sable des lignes concentriques de rempart ? La conviction qu'il mit dans sa tâche eut tôt fait de figer son geste : il venait de recréer, de surprendre en lui l'enfant qui jouait seul — il y avait de cela si longtemps... Il sut alors que cet après-midi, si mobile et si neuf, se rattachait directement aux moments de son enfance où déjà il se réfugiait, en deçà des conversations, du brouhaha, dans le souterrain du soliloque.

Tout laissait à penser qu'un après-midi d'une telle verdeur, si prodigue et en réel et en songe, ne s'achèverait pas vraiment. Rien, jusque dans son déclin, n'y aurait la saveur des choses fanées ou trop exquises. La maturation y était inconnue, ainsi qu'au verger dont les arbres ont coulé — et qui n'eurent jamais plus beau feuillage. Nul fruit, non, mais toutes semences et d'abord, dans chaque concavité de vague, celle de la prochaine aube. La lumière même qui joue à se combiner avec le sable, à s'incarner un instant dans la cotte de mailles jetée sur la plage, toute la lumière qui paraît se dissiper ou s'enfouir aurait demain rallié le soleil.

De même que cette nouveauté devait gagner, pour s'y fondre, la nappe originelle en lui, à laquelle il ne cessait de puiser. Il le crut un instant, puis s'avisa que l'enfant était devenu mortel, qu'on a inséparablement l'expérience de l'amour et celle du périssable ; que cet après-midi aux saveurs de blé vert, de vin vert, ne rejoindrait donc pas, dans l'illimité, la Saison — la semaison — initiales.

25 Août. [BM 12 h 13] — Attentif à la lente formation de la sphère de midi, il n'écoutait pas moins l'heure, le lieu, évider en lui l'espace de la faim. Et comme pour toutes les sensations qu'il devait à la mer, il pensa n'avoir jamais éprouvé ainsi la faim à l'état pur. Elle était, ici, bien plus que la prise de conscience d'un désert interne, intime, d'un vide que la chair eût exsudé : il lui était donné de la saisir à sa source ; de la voir se disposer, grandir en lui, sans les impressions, les préoccupations qui souvent nous en distraient. Tout prenant en ce lieu un relief, une acuité insolites, il se dit que son corps ne serait, dans quelques heures, qu'une de ces fines membranes au travers desquelles, par osmose, se font les échanges.

Etait-ce le flamboiement continu de la rumeur, l'évasement extrême des lignes qui vous ouvraient le corps comme elles faisaient du paysage ? Ce qu'il y avait de vierge et de vacant dans le ciel et sur le rivage ? Ou la fraîcheur de l'azur conjuguée à la tiédeur du sel ? Décapé, sondé, l'être se sentait devenir la proie de la lumière, de l'espace, un éblouissement diffus remplaçant toute chair au dedans.

Respirant profondément, ne pouvant s'empêcher plutôt d'offrir à l'inspiration cette capacité accrue, il en éprouvait un malaise comme d'une sensation de vie trop forte, trop présente, à croire que rien ne s'interposait plus entre la brise de mer et le vif de la chair, qu'il y avait même un contact direct entre ce qu'il recélait de plus profond — l'âme, les os — et le monde surabondant de sa lumière brute.

Avec délices dévasté, anéanti, il portait de la gorge au ventre une longue déchirure aux lèvres béantes. Une main se refermait insensiblement sur son vide intérieur et cette constriction lui était méticuleuse griffure. Mais la faim, c'était bien d'abord la mince paroi dénudée, suintante de sel ou de salpêtre, qui désormais le limitait au dedans.

Il n'offrait plus de résistance aux incursions d'un paysage qui tirait sa puissance de l'étirement infini de ses lignes et des menées de l'irréel sous le couvert de l'excessive réalité. De son corps proche de la dépouille ou de la coquille, l'espace avait fait une enclave qu'il occupait sans partage, intense au point d'occulter l'épiderme, d'en repousser les perceptions propres, de réduire l'être à une chambre d'écho.

... Il devinait que la faim peut devenir un mal lancinant, une frustration intolérable... Déjà cette ombre d'étourdissement, cette attention obstinée à soi qui, de volontaire, semblait devenue autonome et le prenait durement pour objet, cette distraction ou cette désertion de l'esprit... tout cela l'en avertissait. Pourtant, il ne se résolvait pas à tendre la main vers les provisions dont il s'était muni : par désir de perpétuer l'instant, de le soustraire au temps usuel ; par crainte surtout de rompre ce qui était accord ou peut-être coïncidence ou mieux identité entre l'espace de la faim et le monde de la mer à midi — ce qu'il percevait si bien dans l'épure de son corps, la solitude de l'âme rencognée. Absorber quelque aliment, c'eût été ruiner l'édifice qui s'était substitué à l'être, faire effraction dans l'espace de citerne fraîche qu'il incluait.

... A la seule odeur du pain, sa gorge se serra de tendresse et de gratitude ; se mouilla ainsi que les lèvres où le désir afflue ; et les premières bouchées s'accompagnèrent d'une âpre volupté. Et il se dit que rien ne nous enseignait mieux le prix d'un quignon qu'un repas longuement différé.

Il mangeait lentement, afin que son pain fût mêlé de rosée ou de larmes — il ne savait ; afin qu'il le sentît descendre colmater la vive blessure de la faim. Quelque chose, comme prévu, se modifiait en lui. Il recommençait de voir et d'entendre. Le pain était réel, les grains de sable crissaient sous la dent. La mer, devant lui, une et multiforme, poursuivait sa vie comme s'il n'eût pas été là.

C'est en mordant dans un fruit, dont il attendait, en ce lieu, un plaisir particulier, comme si la saveur en eût dû être exaltée, qu'il lui fallut convenir qu'une grâce s'était retirée. Il retrouvait dans le jus de sa pêche l'eau domestique, sage et fade, et non saisie dans le vif de sa course. Il revit la table familiale. Ainsi, malgré l'environnement liquide, l'ordre de la terre reparaissait. L'intensité des sensations s'était émoussée ; il ne s'éprouvait plus en prise directe avec le monde, et à cela, lucidement, il se jugea redevenu quelque peu... homme. (Avait-il donc été dieu, tout à l'heure ?) Autant la faim lui avait fait accueillir, jusqu'à en retentir douloureusement, les formes, les sons qui s'organisaient autour de lui, autant d'être rassasié le séparait du monde et de soi. On venait de lui retirer l'antenne avec laquelle il commençait juste d'explorer la contrée que la conjonction de la faim et du lieu avait fait poindre en lui. Sous un toucher maladroit, la grande feuille de sensitive qui lui tenait lieu de paroi interne s'était rétractée, obscurcie... Il sut alors (mais l'ignorait-il ?) que c'est la faim, quand elle ne nous est pas imposée, et non le rassasiement, qui est la dimension de l'homme.

26 Août. [BM 12 h 50] 10 heures — Marée descendante. La mer s'abandonnait à son poids, s'en remettait à ses horizons comme le dormeur à sa couche. Lente et discrète, elle s'accordait au temps de cette matinée, — en quelles marges attardé ? Les vagues, douces et luisantes à l'oreille autant qu'à l'oeil, ne se succédaient pas dans le temps : simplement, un feu cernait la mer — atoll de rumeur —, un feu qu'on eût écrêté et dont les flammes basses ne respiraient qu'à demi, en dépit des brassées de vagues minces qui les alimentaient. Et c'était toute la mer qui ressemblait à un bois, à un château dormant. Mais d'autres images se levaient dans l'esprit devant cette mer déjà plate et comme vue en profil perdu. Voilure amenée, un navire battu d'un chuintement de sillage attendait les vents propices. Une bouche de vieillard aux dents usées ressassait dans une demi somnolence les courses anciennes ou les moissons passées... Plus manifestement encore, on était en présence d'un continent arasé puis soumis à une longue sédimentation comme en témoignaient les bancs calcaires qui, vers la plage, se relevaient en un relief de *côtes.* Oui, un continent sans âge, aux formes ensevelies sous les débris, tous les plis sectionnés, effacés.

... Quelques vagues sèchement distribuées interrompirent sa songerie. La mer se repliait-elle soudain, — le mot *décrocher* convenant mieux, au reste, tant le voile de rumeur venait d'être déchiré avec détermination ? Il n'en était rien, à la voir piétiner à nouveau son lit à la façon du chien qui foule en rond sa paille fraîche avant de se pelotonner...

28 Août. — La mer était basse encore ; et cette phase de sa vie où elle apparaissait sans chamarrures, dépouillée de tout accident, la révélait à plein dans son essence de pure étendue. Regardant l'horizontale s'engendrer de proche en proche à l'infini, il se rappela son émotion quand, au hasard d'un film, il apercevait la ligne d'un rivage et presque aussitôt l'horizon marin : une allégresse, une gratitude de chien qui retrouve, tangible et le dominant de sa stature, son maître. L'action dont la mer n'était que le décor cessait de lui importer, les voix s'enrayaient... Et cette fascination durait tout le temps que l'écran donnait sur la mer. Comme il se sentait devenu autre, alors !... On l'avait bel et bien rendu au monde avec sa pleine capacité de ferveur. Avec sa petitesse ? Il est vrai que si tout, autour de lui, s'était effondré, abîmé, il avait été soumis lui aussi — par un phénomène de vases communicants ? — à un brusque abaissement du centre de gravité. Et la tête ni le corps n'avaient plus guère d'existence, mais désarçonné, il retrouvait une assiette infiniment plus stable. La plus stable qu'on pût imaginer. De là qu'un sentiment de sécurité succédait à la chute intérieure : ne pouvoir descendre davantage, avoir d'emblée atteint l'étiage, le fond, être une sorte de précipité de soi-même, voilà qui était rassurant et propre à vous raffermir et à vous remettre en selle.

C'était tout cela qu'il retrouvait ici, exacerbé, à cette heure d'universelle table rase. Et bien plus que devant l'écran, il avait la sensation que, franchi un seuil de clarté ou de néant — qui se trouvait en lui ? qui était lui-même ? — rien ne pourrait entraver son action. Comme si l'horizontale l'avait dépouillé du vieil homme, lui laissant seulement, mais effilée, la sagaie d'un long désir ; et que la basse mer fût une contrée à parcourir à enjambées de conquérant.

Et pourtant, comme la tension de l'horizon lui représentait la coupe à la fois offerte et refusée... Si le corps recevait du rivage, de la surface des eaux, son assise et son équilibre, au point d'aspirer à l'abandon, à la fusion, de quelle rigidité, de quelle nudité la ligne ultime ne pesait-elle pas sur l'oeil !...

Au reste, ce qui le frappait surtout, à l'écran comme ici, c'était l'absence de l'humain. Même quand des acteurs poursuivaient leur vie d'ombre au premier plan, ils étaient bientôt bus par l'espace surcreusé. Nulle trace, empreinte ou simple paraphe qui témoignât durablement de la taille de l'homme, de ses pouvoirs autres que ceux de bâtisseur.

A moins qu'on allât chercher du côté d'un horizon qui, de fait, semblait bien aiguisé de regards humains, vibrant de tant de désirs d'outrepasser. Et sans doute était-ce le plus grand mérite de la basse mer que de paraître moins infranchissable, et de ne vous lester si résolument de vous-même que pour mieux hisser votre regard à hauteur du sien.

29 Août. [HM 9 h 04] — Quand il sortit, il se trouva sous un ciel dont le gris-vert, à l'ouest, devenait nacre à l'orient avec, au-dessus des arbres de l'horizon, le reflet d'un incendie qui s'affaisse. Le jour était là ; les coqs enchaînaient, mêlaient leurs flammèches écarlates. Le jour était là, qui se fût résumé en une perle à l'eau satinée — et comment ne pas évoquer alors le monde de Vermeer ? — s'il n'y avait eu, à l'ouest, le passage cahotant d'une troupe immense et tout l'espace s'en trouvait alerté, éclairé comme par mille et mille abeilles.

6 heures — Tout devint très rapide ainsi qu'au théâtre lors des changements à vue ou, mieux encore, quand l'éclairage se modifie par la grâce d'un machi-

niste. L'orient prit cette couleur jaune-orangé qu'il se souvint d'avoir vue, en amas, au-dessus de certaines paupières. Les dunes qu'il traversait restaient encore grises mais d'un gris sous-tendu de rose pâle, comme la préparation d'une toile aurait envahi les couleurs du tableau. Elles étaient bien, au sein du monde qui s'éveillait, la permanence du sommeil, et parmi tant de jeunesse, le grand âge même.

La mer tant de fois vue, pourtant, le surprit, livide, exsangue, avec des reflets de bronze et, dans ses enclos d'eaux étonnamment lisses, des nuances de bouillie cuivrique — qui se retrouvait plus faiblement diluée au flanc des vagues. A l'horizon, les dernières vapeurs violettes s'entassaient en impondérables scories, en lie de vin promises à un proche effacement. Dans sa gamme de couleurs, le paysage rappelait assez les photographies de la terre prises de très haut, où s'accentue l'allongement des continents.

... Il dégagea le sable oxydé de rosée, couleur d'argent bruni, avec l'espoir, aussitôt déçu, que sec, en dessous, il aurait gardé un peu de la tiédeur du jour passé. Le soleil était maintenant assez haut dans le ciel pour venir frapper, par l'échancrure de la falaise, une écume qu'on eût dite, ailleurs, salie de cendres, — lui donnant, avec une roseur enfantine, cet éclat qui est sourire, et même rire impétueux. Il restait pourtant à la mer à se révéler telle que dans le souvenir, par une remontée de bleu qui eût équilibré le noir dont l'azur tirait peu à peu son lustre. Tout entière en marche, âpre et volontaire, en pleine possession de sa rumeur, elle paraissait pourtant n'être encore que l'ombre d'elle-même. ☆

Tout fut noyé de brume soudain, la plage et la mer à demi dissoutes dans l'émulsion, l'écume elle-même estompée par la procession blafarde qui passait lentement devant elle. Il fit plus frais, presque jusqu'à l'hostilité et il eut une pensée pour l'intérieur de la maison, tiède comme un lit depuis peu quitté ; il pensa aussi (et quelle sensation de velours intime lui en vint) que c'était en maints foyers l'heure du café...

La plage s'enfonçait sous le banc de brume et seules les premières lignes de la chaîne ou du massif apparaissaient au-dessus de vallées envahies de vapeurs. Il entendait quelque chose tour à tour se débattre et se rasséréner. Et si cette éclipse de jour durait et qu'on fût condamné à errer, quasi à tâtons, dans un univers laiteux ? Mais il ne se pouvait puisque le ciel, tout à l'heure encore, était découvert... Durant plusieurs minutes pourtant, il se sentit aussi étreint par la raréfaction du visible qu'il l'eût été par celle de l'air.

Puis, dans une tempête au ralenti de fine neige grise, le soleil reparut et, pour la première fois, une tiédeur le toucha sans gagner néanmoins le noyau resserré, contracté du corps. La mer reprit sa profondeur à la façon du plateau de théâtre que les projecteurs dévoilent peu à peu. De chacune de ses extrémités, l'horizon fila vers le sommet de sa courbe et s'y rejoignit.

Sur le rivage encore fumant, les dunes projetaient l'ombre d'un rempart ou parfois d'un burg. Les vagues s'avançaient sur le sable comme la lisière d'un incendie qui se propage par les sous-bois. Toute la mer était à présent sous le regard du soleil. La mer... Il la retrouvait dans son étendue convergente, sous un azur en voie de pétrification. Avec, bien distinctes, les traces du jour ancien : les pas dans le sable, la laisse de haute mer, reconnaissable aux débris d'algues et aux épaves. Ancien aussi le bateau qui passait au loin. ☆

Sans doute l'air avait-il *là-bas* cette même saveur

de rosée, mais rien ne lui parvenait plus du matin de la terre. Là-bas... Là-bas, le monde se remettait en marche, quand lui se trouvait déjà au coeur de la décision et de l'exécution simultanées. Ici, tout était net, avide, affamé. Les puissances régnantes avaient pris place. La terre, qui rappelait à elle son ombre, semblait se retirer comme elle en donne l'illusion, vue d'un bateau quittant le port. Le jour pouvait donc se renfler de soleil, de rumeur, épouser les plages de sable et de ciel, retentir des tribulations des eaux... Et comme il entrait en résonance avec la mer, à cette heure où elle avait recouvré sa couleur ainsi que feuille étiolée rendue à la lumière, et se laissait tomber par intervalles sur sa tranche — qui s'en émoussait sous le choc...

[BM 15 h 12] 15 heures — Beau temps des yeux, beau temps de l'âme, fait d'une longue et mince couche d'eau bleue, ou vert sombre comme un lit de genêts écrasés, d'une longue et mince couche de sable, très calmes, très basses, sur lesquelles planent la scintillation froide, acérée, de la lumière et celle plus secrète et douce de la rumeur. Au-dessus, démesuré, le ciel — qui est golfe déserté de voiles.

Entre l'étendue liquide et la voûte, la brise par tout l'espace, telle une prairie en voyage à l'heure où l'arbre humecte l'herbe d'ombre noire ; la brise pour rendre ses limites au corps brûlant. Et le beau temps est fait de l'amalgame, en l'être, de tout cela — dans la lenteur du temps. Etale, aux couleurs des tableaux de Primitifs où l'azur se mêle d'or, le beau temps s'épand sur des vaincus, corps à la renverse ou face contre sol et bras en croix ainsi que sur un champ de bataille.

Et il en est, certes, que le miracle tient en éveil et qui, debout, assis, sont comme en faction, face à l'horizon. Non pas celui que fragmentent les parasols portant haut leurs couleurs de fête foraine, mais l'horizon à la volée, qui incise d'un coup le fruit vert de l'espace, qui sépare une mer pesante et sombre de ce ciel où la frange des cils introduit la seule ombre, la seule tacheture qui s'y puissent trouver.

Reste qu'il serait injuste de taire ce que le beau temps de l'âme et du corps doit à la plage. A l'herbe profonde, si douce aussi, il manque ce ferme contact sans dureté. Tandis que le sable... Ecume de la terre autant que cendre, il accueille le corps et le maintient, poreux, entouré d'air, de ciel — libre et nettement circonscrit. A peine s'est-on étendu, que sa fluidité latente s'éteint et qu'il se resserre, résiste, s'oppose, se prend en un sol inébranlable. Meuble, docile, on ne le voit jamais prolonger, outrepasser l'élan de la main qui l'entraîne. Tout déplacement qu'on lui imprime s'enraie par engorgement, tant l'inertie l'astreint. Mais il y a quelque chose de rassurant dans cette aveugle fidélité, cet acquiescement méticuleux ; et le plaisir de vivre s'en remet d'instinct à cette caresse assemblée, au sommeil interstitiel qui en assure la cohésion.

Les membres, les mains, la joue tâtonnent distraitement à la surface de la couche tiède afin d'en éprouver à plein l'accueil débonnaire et de mieux faire corps avec elle. Peut-être aussi pour hasarder leurs propres limites au sein du friable, à la rencontre, au dessous, du sable aggloméré de sueur de sel, à la granulation luisante de portion de sorbet.

Pourtant, quand le corps se fie au sable, en fait sa couche, il y a plus que le désir de toucher terre enfin, comme si la vague nous avait longtemps ballotté. Et, de même, le geste de la main qui nous échappe n'est pas seulement caresse évasive qui se cherche et se donne à soi-même. Ce dont l'être est en quête, quand il épouse la plage, ne serait-ce pas des couleurs, des sensations et des pouvoirs d'un très lointain Eté ?

30 Août. [BM 16 h 20] 14 h 30 — Le vent d'ouest s'était levé. La mer descendait comme elle serait montée, d'un seul élan contenu, canalisé, discipliné, tel un coureur qui, ayant estimé le parcours, gouverne son effort en conséquence. La rumeur ample, mais pareille à un feuillage à claire-voie, évoquait septembre, les arbres plus sonores que le vent sollicite et pille, et l'on s'attend à percevoir le bruit des premières gouttes sur les feuilles sèches. Une sereine et puissante mélancolie émanait du bruissement des eaux.

Il n'aurait su dire pourquoi cette monotonie l'emplissait, à défaut de formes précises, de la clarté, du climat, de la substance d'êtres, de lieux, de choses, qu'il faudra bientôt quitter ; mais toujours s'attachait à cette rumeur le goût — à même la bouche — du tarissement proche, du périssable. Des minutes précises d'arrachement, des jours dont il se souvenait comme d'autant de termes amers, semblaient reprendre une vie dérisoire, de par ce souffle qui les envahissait, les regonflait. Cette rumeur de reflux, humble et âpre, il la reconnaissait : elle l'accompagnait entre toutes quand il repartait pour des mois vers les terres, de sorte qu'elle était devenue celle de sa désertion.

17 heures — Le bruit de la marée montante ; celui d'un faisceau de vagues qui ont échappé à l'emprise de la masse et qui divergent et se débandent. Le bruit encore de l'épanouissement, et l'on croit voir toutes les terminaisons sensibles de l'eau écorchée vive, surgir et tâter l'air. Mille fines fusées à la naissance de leur course donnent à la rumeur son assise, sur laquelle se développent les soudains enthousiasmes, les impatiences, les apparents renoncements. Est-ce parce que d'incessantes levées d'hommes viennent combler les rangs fauchés nets qui s'effondrent, que la rumeur a quelque chose de tonique et d'entraînant ? Nulle trace de déploration, mais l'animation des lieux où l'on engrange, le bruissement — le susurrement — d'un grenier où l'on déverse, ininterrompu, le grain.

Au-dessus d'un cheminement de mélodie très lâche qui se chercherait au travers d'une imperceptible scansion, une eau agile — on la dirait mêlée de vent — brandit ses lanières sifflantes. Pourtant, ce que l'âme écoute avec prédilection, c'est, parfaitement distincte, la pluie sur les feuilles du jardin, sur les vitres mêmes. Une pluie rapide que le souffle enlève et qui métamorphose la rumeur — que voici devenue tourmente quand les toits et les murs sont frôlés, heurtés de lambeaux d'espace, et qu'on se tient dans un retrait irréductible, la gorge un peu serrée de gratitude envers le calme tendre ; de désir encore, tant la conscience d'un espace tiède et clos que cerne la vie sauvage du dehors suffit à l'éveiller. ☆

L'élan est si général, qu'on est tenté de n'accorder d'existence qu'à la mer, ou d'inclure plage et ciel parmi les choses déracinées, charriées par le flux. Néanmoins, l'individuel se fait jour : une voix, un souffle s'enflent, singuliers ; un arbre ruisselle ; un vague tournoiement se poursuit en deçà du rythme un peu haletant qui se propage à la terre, à la tempe...

Il faudrait, malgré la confusion, la compression collectives, identifier, considérer l'individuel ; mais comment démêler tant de voix, d'accents, d'actes, dans ce qui est prolifération de l'informe ? Comment déceler les essences dans la pénombre de la forêt inextricable, quand on est soi-même pris dans les noeuds mouvants d'un torrent ?... Une chose inconnue, sans galbe ni limites, vient avec ses méandres, ses subterfuges, ses violences et peut-être ses détresses. Une trop grande chose pour avoir jamais une forme ni un nom. Et qui le sait.

31 Août. [PM 11 h 30] 9 h 30 — La mer montait, une et unie, sans une paille dans son métal souple et résistant. La puissance et la lenteur mêmes, et plus souveraine encore d'être calme et mesurée, de conjuguer ampleur et force et détermination. Elle était l'image, la figure du conquérant qui n'a qu'à paraître pour que l'ennemi se rende, assuré de son asservissement. Et la progression, sans doute, n'est pas achevée ; mais ne voit-on pas qu'elle se fait par le chemin des crêtes, et que du premier instant la victoire fut à son apogée ?

A la vigueur, à la beauté de la mer, si patentes, si exclusives de toute autre impression, il devait de se sentir secrètement trempé, cimenté ; l'âme comblée d'un lucide orgueil, le corps à la fois resserré et réjoui par une légère griserie. Et telles étaient la force et la générosité qu'il se découvrait, que l'adoubement lui revint en mémoire, qu'il sentit se former en lui les voeux, les serments qui consacreraient son nouvel état... ☆

Plus encore que l'image parfaite du conquérant — la masse de la mer se faisant calme pensée dominatrice, décision infrangible, cependant que le rivage offrait la figure de l'acte pur, de l'exécution sans défaut —, c'était par la densité et l'étendue de la lumière que la mer visible s'égalait au souvenir qu'il en gardait. Eclair de la conception, clarté de l'exécution participaient d'une même lumière, un peu plus éclatante quand elle débouchait, nue, sur la frange de mer. Ainsi, la longue chaîne qui s'étendait de l'horizon au rivage, au long de laquelle on pouvait voir se transmettre la décision, aboutissait à cette lumière naissante, ou renaissante, enfin libérée après qu'elle avait été longuement engagée dans le noir de la mer.

De sorte qu'au terme de l'acte et à cause de sa perfection, on croyait voir resurgir, dans cette lumière inaliénable, la pensée initiale. ☆

Vague après vague, la mer avait édifié son étale de flot, où l'acte ne subsistait plus que pour la seule joie du jeu. Et ici, il le sentait, il aurait fallu composer un hymne — en l'honneur d'Apollon ? d'Alexandre ? — qui eût suggéré ce que renfermaient les seuls mots de *haute mer.* Toutes rives refoulées, subverties, l'embrassement, l'accaparement du visible et de l'invisible, comme si un trésor s'était constitué, de figures qui s'annulent à se chercher, de nuits foulées de forêts, d'eaux que la lumière lapide à tirs tendus, à tirs rasants... Mais il n'avait d'yeux que pour l'immense chemin de nulle part, pour l'allée plutôt qu'on ne cessait de ratisser — et qui menait vers quel château sans fin recherché, espéré ?... L'image de la conquête, certes, mais aussi de la soif inextinguible qui l'accompagne jusque dans son accomplissement.

[BM 17 h 40] 15 h 10 — Une lente mer se laisse aller, après l'impulsion de chaque vague, sur ses moquettes moelleuses. Les pales plongent d'un mouvement majestueux dans la seule écume, et les remous de la rumeur ne parviennent plus à rompre la somnolence qui a gagné l'étendue. Et que l'âme et le corps soient abandonnés à leur béatitude ; que nous ne soyons plus qu'un spectateur indulgent dont les sensations émoussées se fondent en une seule : celle d'un soleil chaleureux et voletant. (Ce bruit de livre qu'on aère !) Toute pensée déclinée. ☆

Soupirante, une mer en sourdine. Qui donne quelques coups de crocs, de ci de là, comme bête apprivoisée reprise par l'instinct. Ou bien est-elle traversée de rêves qu'elle s'efforce par instants d'écarter, de broyer ? Mais cela peut n'être aussi qu'un arbre, de retour de voyage, reprenant à pieds joints sa place dans la forêt.

Tout à l'heure, la mer sera basse. Et la plage, une large voie aplanie, les déblais repoussés au loin. La Voie Appienne... — et l'on s'attend d'un moment à l'autre à voir s'y élever la poudre d'un char. Tout à l'heure, il le sait, s'offriront à lui la griserie d'entrer en possession d'un domaine vierge de pas, l'étonnement de régner sur un espace qu'on ne pouvait imaginer à ce point distendu. Et si basses, si reculées sont les masses sur lesquelles les yeux peuvent prendre appui, que l'être en titube presque.

Il avait soif. Dans sa gorge déchirée, pareille à une cage aux fins barreaux de sel, il y avait le seuil d'un sanglot. L'édifice des impressions, des saveurs était sapé. L'esprit, la chair retranchés du monde par une distraction invincible, se trouvaient en proie à une fascination où s'aiguisait jusqu'à l'intolérable la seule sensation qui subsistât : celle d'un abîme de lumière violente, acide, acérée — une lumière de cristallerie — autour duquel l'être fait cercle et qu'il doit, sans pouvoir s'y soustraire, contempler jusqu'à la cécité ; jusqu'à n'être plus qu'une chose haillonneuse, un peu hagarde, que seule une lancinante, une suppliciante image rassemble : l'eau fraîche et douce, un creux de mains jointes, et ce baiser de fou, ces gestes de fou de qui se repaît, en versant maladroitement autour de lui ; et il n'importe puisque l'eau afflue — l'eau courante ! — et qu'on ne saurait se désaltérer vraiment sans en répandre sur le visage et les bras... Et la torture était si bien entretenue par la profusion de la fraîcheur marine, —- le bruit de cette profusion — que l'esprit devait sans cesse détourner le corps de s'abandonner à celle-ci.

Un étanchement illusoire et cruel, voilà ce que la mer proposait avec tant de séduction, quand elle pouvait seulement vous offrir une soif accrue — glapissante ! Et pourtant, de cela aussi il lui fut soudain reconnaissant : de lui avoir appris, mieux que la campagne brûlante aux sources taries de son enfance, — avec le cri sans fin enrayé de la soif, le bonheur sans prix d'une eau humble et fraîche.

1° Septembre. [HM 12 h 50] 14 h 50 — Allongé sur le dos, tout le ciel ramené sur lui — et la mer réduite à une frise irrégulière, lourde d'incrustations, que lui masquaient en partie les irrégularités du sable comme autant de collines —, il regardait se composer en lui les approches de la mort. De l'une, du moins, parmi toutes les fins possibles. Et dans la plupart, il le savait, l'angoisse est présente. Il pouvait même, sans grand effort, donner au mot d'agonie son poids de temps interminable qui vous encercle et vous mure ; son contenu de sueur, d'effroi, de refus — et d'espoir balbutiant... Le temps surtout, comme il le sentait envahir les veines, trop épais, trop lent, et s'y coaguler ; l'esprit assistant, lucide et impuissant, aux progrès de la solidification, de l'obstruction...

Et c'était précisément à cause de cette malemort dont il souhaitait qu'elle lui fût épargnée, qu'il se prêtait au jeu d'une autre fin, paisible et dorée, elle ; qu'il en laissait s'assembler, pour mieux les considérer, les signes avant-coureurs.

Les yeux fermés le livraient à la sorte d'obscurité qui doit régner au coeur de certaines gemmes — rubis de Bohême, hyacinthe et grenat. Vague après vague, la rumeur de marée descendante l'assaillait doucement puis, se repliant, lui soutirait chaque fois un peu de vie ; et il sentait ses tempes elles-mêmes tentées par l'aspiration. La mer n'avait plus d'existence, sinon dans ce flux et ce reflux auxquels l'être était soumis, avec lesquels il se confondait peu à peu. Sous le flamboiement dru du soleil crevant le ciel, une sorte de tiédeur tour à tour envahissait et désertait le corps. Mais, de ce qui était balancement d'une aise extrême, oscillation d'opulence, ni la chair appesantie ni l'âme que le sable avait humée ne pouvaient déjà plus témoigner. La vie en lui était semblable aux filets d'eau qui s'égouttent au fond des ports abandonnés. Le ciel, le sable... Deux éléments poreux conspiraient à absorber, épuiser toute trace de vie, — à rendre le corps à l'inanimé, à la cendre.

Les yeux béent sur un ciel qui ronge les paupières ; le dos s'ouvre sur la nuit, la soif du sable. Et l'être glisse en deçà du monde intelligible, perceptible. Que me veut ce bruit d'arbre abattu, encore ?... Est-ce là-bas, à ras de terre, la pointe d'un javelot d'acier ?... Oui, la mort pourrait être cela : en un lieu vaste et lisse et nu, la vie absorbée par un univers avide, et jaloux de sa pureté. Et si adorable serait ce lieu, qu'on ne trouverait en l'être que consentement à ce qui lui dispenserait à la fois l'accomplissement et la dissolution. (A l'image du fruit mûr qui met, tout soudain, entre sa branche et lui, l'épaisseur du verger.)

Ainsi la mort apparaîtrait-elle non en ramasseuse de nos ruines, mais comme l'issue nécessaire et seule concevable à un état, une situation d'extrême beauté, de saveur inexprimable, qui ne sauraient se perpétuer sans s'amoindrir — état, situation dont *elle* est, au reste, l'envers naturel, l'envers exact.

Se perdre en ce jour que la lumière et la mer firent le plus vaste et le plus haut, s'évanouir en lui pour mieux s'en saisir, puis le laisser fondre en nous comme le fruit en notre bouche nous entraîne imperceptiblement vers sa fin, quelle image de la mort est moins insupportable que celle-là ?

2 Septembre. [HM14 h 50] 14 h 50 — Une fois de plus, il aurait connu ces heures qui précèdent le départ, où rien n'est changé en apparence de ce qui fut le bonheur : l'envahissement de tout regard, dès l'aurore, par un ciel que gonfle une crue de l'espace, l'amoncellement de rumeur, d'éclairs, de silences, de ténèbres, — de fureur — de la marée haute ; la succulence d'un interminable midi, d'un balancement d'anémone de mer aux dimensions d'une saison où des mots tels que rémission, songerie, aise, indolence... cessent d'être limités ou abstraits. Eté, saison ouverte comme le dahlia bleu de la mer, et si bien close autour de notre délectation...

Et voici que tout est pareil et néanmoins descellé, dissocié de nous par la mince angoisse du proche départ. Il nous semble qu'au dernier moment le coeur, les forces nous manqueront. L'envie naît de s'étendre, de ne plus bouger, de n'accomplir aucun des gestes qui rendent le départ possible puis effectif. L'être, devant le danger, mobilise ses forces d'inertie, sa passivité. Il retrouve la tentation de l'enlisement, du mimétisme dans lequel il se réfugiait quand la vie, autour de lui, se faisait démesurée. Ne plus bouger, comme pierre au soleil, comme la mer et la lumière étales de trois heures de l'après-midi. Ou comme ceux qui, sur la plage, ont encore devant eux l'éternité d'une semaine ou d'un jour. La tentation du renoncement à tout ce qui n'est pas l'heure et le paysage présents ; et, dans son coeur, l'acceptation de la pauvreté, de la faim, de la condamnation par les esprits réalistes.

Puis, dans ce même coeur, la certitude que la vie, le monde selon les autres et leur sagesse allaient l'emporter à nouveau. En vain la mer poussait-elle vers lui, alternés, soupirs et silences de beau loisir. Et, devant cette respiration puissante et paisible, il sentit comme il eût été agréable de pouvoir accorder son souffle sur elle, ainsi qu'il lui était arrivé de faire, d'instinct, en contemplant un enfant endormi. En vain le ciel avait-il jeté bas les nuages, les astres, les corps et la plage même, — la création représentée en plan rabattu ! — et tout s'en trouvait-il écrasé, vernissé et comme étanche. Par mille interstices auxquels il n'avait pas prêté attention un mois durant, le temps quotidien fluait à nouveau, se revanchait. Le temps restaurait l'ordre ancien ; il ramenait l'être à ses limites, le retranchant ainsi du Tout. Il lui rendait quasi tangible, bien avant que les effets d'été fussent rangés, le glissement d'un univers qu'on eût dit impatient de reprendre sa vie sans témoin.

Achevé d'imprimer en mai 1992
sur les presses de l'imprimerie Huguet
(42220 St-Julien-Molin-Molette),
avec le concours de l'imprimerie Rizzi (42100 St-Etienne),
et façonné par Ets. Alain (07100 St-Marcel-Les-Annonay),
pour le compte des éditions **"encre marine"**
Fougères, 42220 La Versanne,
selon une maquette fournie par leurs soins.
Dépôt légal : mai 1992
ISBN : 2-909422-02-X

Oeuvres de François Solesmes

LES HANCHES ETROITES
Gallimard

CELEBRATION DU CORPS
Robert Morel

CELEBRATION DE LA MER
Robert Morel

GEORGES DE LA TOUR
Clairefontaine

L'AMANTE
Albin Michel

DE LA CARESSE
Phébus

POÉTIQUE DE LA FEMME

I. LA NON PAREILLE
Phébus

En Préparation :

POETIQUE DE LA FEMME II, III

ELOGE DE L'ARBRE